BRUCKMANNS LÄNDERPORTRÄTS

USA DER WESTEN

»Eastward I go only by force; but westward I go free ...
I must walk toward Oregon, and not toward Europe ...«
(Henry David Thoreau)

USA
DER WESTEN

Christian Heeb · Margit Brinke · Peter Känzle

BRUCKMANN

Inhalt

Kaleidoskop

Landschaften und Regionen

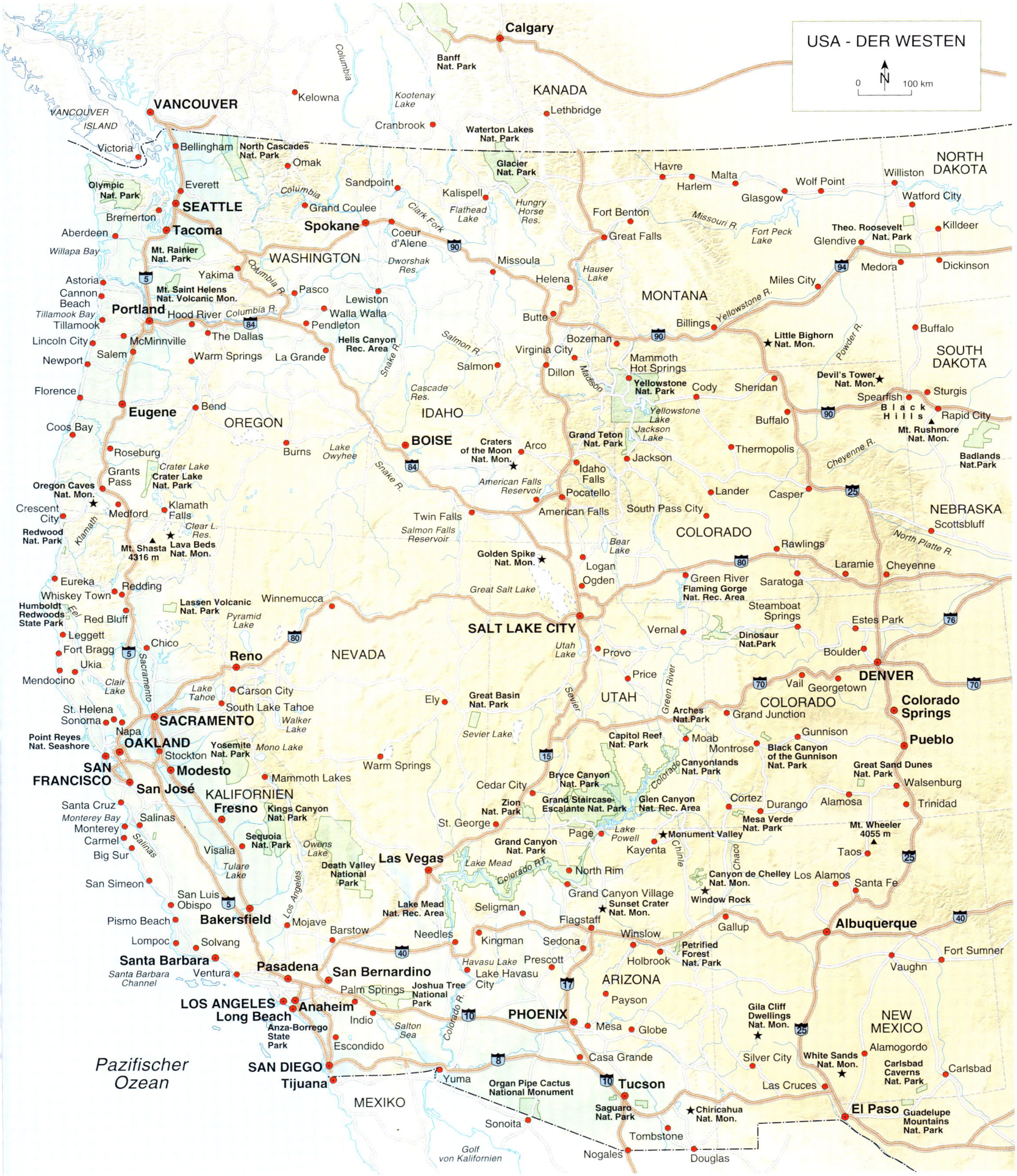
USA - DER WESTEN
0
100 km
N
Calgary
Banff Nat. Park
KANADA
Lethbridge
Kelowna
Kootenay Lake
Columbia
Cranbrook
Waterton Lakes Nat. Park
VANCOUVER
VANCOUVER ISLAND
Victoria
Bellingham
North Cascades Nat. Park
Omak
Glacier Nat. Park
Olympic Nat. Park
Everett
SEATTLE
Bremerton
Tacoma
Aberdeen
Willapa Bay
Mt. Rainier Nat. Park
Sandpoint
Grand Coulee
Spokane
Coeur d'Alene
Clark Fork
Kalispell
Flathead Lake
Hungry Horse Res.
WASHINGTON
Dworshak Res.
Missoula
Helena
Hauser Lake
Fort Benton
Great Falls
Havre
Harlem
Malta
Glasgow
Wolf Point
Williston
NORTH DAKOTA
Watford City
Missouri R.
Fort Peck Lake
Theo. Roosevelt Nat. Park
Killdeer
Glendive
Medora
Dickinson
Astoria
Cannon Beach
Tillamook Bay
Tillamook
Yakima
Mt. Saint Helens Nat. Volcanic Mon.
Columbia R.
Pasco
Lewiston
Walla Walla
Pendleton
Portland
Hood River
The Dallas
Lincoln City
McMinnville
Salem
Newport
Warm Springs
La Grande
Hells Canyon Rec. Area
Snake R.
Salmon R.
Salmon
Butte
Virginia City
Dillon
Madison
Bozeman
MONTANA
Billings
Yellowstone R.
Miles City
Little Bighorn Nat. Mon.
Powder R.
Buffalo
SOUTH DAKOTA
Mammoth Hot Springs
Yellowstone Nat. Park
Cody
Sheridan
Devil's Tower Nat. Mon.
Sturgis
Spearfish
Black Hills
Rapid City
Mt. Rushmore Nat. Mon.
Badlands Nat.Park
Yellowstone Lake
Jackson Lake
Buffalo
Florence
Cascade Res.
IDAHO
Eugene
Bend
OREGON
Coos Bay
BOISE
Burns
Lake Owyhee
Craters of the Moon Nat. Mon.
Arco
Grand Teton Nat. Park
Jackson
Thermopolis
Cheyenne R.
Roseburg
Grants Pass
Crater Lake
Crater Lake Nat. Park
Idaho Falls
Pocatello
American Falls Reservoir
American Falls
Lander
Casper
Oregon Caves Nat. Mon.
Crescent City
Medford
Klamath Falls
Twin Falls
Salmon Falls Reservoir
South Pass City
NEBRASKA
Scottsbluff
North Platte R.
Redwood Nat. Park
Klamath
Clear L. Res.
Mt. Shasta 4316 m
Lava Beds Nat. Mon.
COLORADO
Bear Lake
Rawlings
Golden Spike Nat. Mon.
Logan
Ogden
Laramie
Cheyenne
Eureka
Redding
Whiskey Town
Humboldt Redwoods State Park
Eel
Lassen Volcanic Nat. Park
Winnemucca
Great Salt Lake
Green River
Flaming Gorge Nat. Rec. Area
Saratoga
Steamboat Springs
Red Bluff
Pyramid Lake
SALT LAKE CITY
Vernal
Dinosaur Nat.Park
Estes Park
Leggett
Fort Bragg
Chico
Ukia
Sacramento
Reno
NEVADA
Utah Lake
Provo
Boulder
DENVER
Mendocino
Clair Lake
Lake Tahoe
Carson City
South Lake Tahoe
Price
Green River
Vail
Georgetown
Ely
Great Basin Nat. Park
Sevier
UTAH
COLORADO
Colorado Springs
St. Helena
Sonoma
Napa
SACRAMENTO
Walker Lake
Arches Nat.Park
Grand Junction
Point Reyes Nat. Seashore
OAKLAND
Stockton
Yosemite Nat. Park
Mono Lake
Sevier Lake
Capitol Reef Nat. Park
Moab
Gunnison
Montrose
Black Canyon of the Gunnison Nat. Park
Pueblo
SAN FRANCISCO
Modesto
San José
Warm Springs
Mammoth Lakes
Canyonlands Nat. Park
Great Sand Dunes Nat. Park
Walsenburg
KALIFORNIEN
Cedar City
Bryce Canyon Nat. Park
Colorado
Santa Cruz
Fresno
Kings Canyon Nat. Park
Zion Nat. Park
Grand Staircase-Escalante Nat. Park
Glen Canyon Nat. Rec. Area
Cortez
Durango
Alamosa
Trinidad
Monterey Bay
Salinas
Monterey
Carmel
Salinas
St. George
Mesa Verde Nat. Park
Page
Lake Powell
Monument Valley
Mt. Wheeler 4055 m
Big Sur
Sequoia Nat. Park
Owens Lake
Visalia
Grand Canyon Nat. Park
Kayenta
Chinle
Chaco
Taos
Tulare Lake
Death Valley National Park
Las Vegas
Lake Mead
Colorado RT.
North Rim
Canyon de Chelley Nat. Mon.
Los Alamos
San Simeon
Window Rock
Santa Fe
San Luis Obispo
Los Angeles
Grand Canyon Village
Lake Mead Nat. Rec. Area
Seligman
Sunset Crater Nat. Mon.
Pismo Beach
Bakersfield
Mojave
Flagstaff
Gallup
Albuquerque
Barstow
Needles
Winslow
Lompoc
Solvang
Kingman
Sedona
Petrified Forest Nat. Park
Fort Sumner
Santa Barbara
Havasu Lake
Prescott
Holbrook
Vaughn
Santa Barbara Channel
Ventura
Pasadena
San Bernardino
Lake Havasu City
ARIZONA
Palm Springs
Joshua Tree National Park
Colorado R.
Payson
LOS ANGELES
Anaheim
Long Beach
Indio
PHOENIX
Gila Cliff Dwellings Nat. Mon.
NEW MEXICO
Anza-Borrego State Park
Salton Sea
Mesa
Globe
Escondido
Alamogordo
Casa Grande
Silver City
White Sands Nat. Mon.
Pazifischer Ozean
SAN DIEGO
Carlsbad Caverns Nat. Park
Carlsbad
Tijuana
Yuma
Organ Pipe Cactus National Monument
Tucson
Las Cruces
MEXIKO
Saguaro Nat. Park
Chiricahua Nat. Mon.
El Paso
Guadelupe Mountains Nat. Park
Sonoita
Tombstone
Golf von Kalifornien
Nogales
Douglas
5
84
90
94
80
76
70
15
25
40
10
17
8

Kaleidoskop

»Der wahre Westen unterscheidet sich von der Ostküste auf eine großartige, beeindruckende, allgegenwärtige und Ehrfurcht gebietende Weise: durch den Raum. Die unermessliche Weite verändert Straßen, Häuser, ... Politik, Wirtschaft und ... die Denkungsart.« So hat der indianische Autor William Least Heat-Moon einmal die Faszination des Westens zusammengefasst, die jeden Reisenden noch heute in ihren Bann zieht.

»On the Edge of the Universe« – am Strand von Bandon Beach im Bundesstaat Oregon genießen Reiter die untergehende Sonne vor der Kulisse des unendlichen Pazifik.

Die ersten Siedler in den Wüste Kaliforniens glaubten, betende Gläubige zu erkennen: Bei näherem Hinsehen entpuppen sich die Joshua Trees im gleichnamigen Nationalpark jedoch als Agavengewächse.

Zu Füßen der Space Needle, Wahrzeichen der Metropole Seattle, ist kein UFO gelandet: Es handelt sich vielmehr um das Experience Music Project in Erinnerung an Jimmy Hendrix, den größten Musiker der Stadt.

Der »Wilde Westen« lebt – wenn auch nicht mehr ganz so wild. Dennoch sind die Menschen im Westen Amerikas stolz auf ihre Geschichte, und das von Kopf bis Fuß.

Vor der grandiosen Kulisse des Mount Hood in Oregon, einem der Vulkanberge der Cascade Range, grasen friedlich Pferde auf dem weitläufigen Land der Warm Springs Indian Reservation.

»Go West, young man!«

Blick vom Bright Angel Point auf den atemberaubenden Grand Canyon.

Die Sehnsucht nach »Wide Open Spaces« – dieser endlosen, dünn besiedelten Weite, wie sie die Country-Music-Frauenband Dixie Chicks einmal besungen hat –, war nur ein Faktor, der bereits früh Siedler tiefer hinein in den nordamerikanischen Kontinent lockte. Dazu kamen Tugenden wie Optimismus, Selbstvertrauen und Risikofreude. Bereits unter den ersten europäischen Neuankömmlingen, die sich im 17. Jahrhundert an der Ostküste niederließen, befanden sich Unruhegeister, die neugierig gen Westen blickten. Ihnen und dem wachsenden Siedlungsdruck ist es zu verdanken, dass sich die *frontier* – die Grenze zwischen der europäisch-»zivilisierten« und der indianisch-»unzivilisierten« Welt –, allmählich westwärts verschob und sich der Mythos vom »Gelobten Land« auch im Wilden Westen breit machte.

1845 subsummierte der New Yorker Verleger John L. O'Sullivan diesen Drang, sich den nordamerikanischen Kontinent untertan machen zu wollen und dazu immer weiter nach Westen zu ziehen, unter dem Begriff »Manifest Destiny«. Horace Greeley (1811 bis 1872), der Gründer der *New York Tribune* und einer der politisch einflussreichsten Männer seiner Zeit, erfand dazu die bis heute zugkräftige Parole: »Go West, young man!« Das Land westlich des Mississippi war den europäischen Einwanderern in großen Teilen über Jahrhunderte unbekannt. Briten und Franzosen hatten sich zwar bis zum Mississippi, die Spanier bis in den Südwesten vorgewagt, doch gehörte die endlose Weite zwischen Mississippi und der Pazifikküste ganz den Ureinwohnern – verschiedenen Indianervölkern und unzähligen Tieren.

Das sollte sich dann im Jahr 1803 grundlegend ändern: Im Frühjahr hatten die jungen Vereinigten Staaten das gesamte französische Kolonialgebiet westlich des Mississippi bis zu den Rocky Mountains erworben. »La

Louisiana« war den Franzosen bis auf wenige Punkte wie New Orleans, Baton Rouge oder St. Louis zu wild, zu wertlos und zu weit weg. Zum Schnäppchenpreis von nicht einmal 15 Millionen Dollar hatte Napoleon, stets knapp bei Kasse, mit den USA den sogenannten »Lousiana Purchase« ausgehandelt.

Ein Immobilienschnäppchen

Die beiden US-Gesandten Robert Livingston und James Monroe staunten in jenem Pariser Frühling 1803 nicht schlecht, denn eigentlich hatten sie ihr Auge auf Anraten von Präsident Thomas Jefferson nur auf New Orleans und auf die freie Nutzung des Mississippi geworfen – zwei Millionen waren angesetzt, zehn als Limit vorgesehen. Doch Napoleon war glücklich, endlich Interessenten für dieses Land, fernab der Zivilisation, gefunden zu haben und drehte ihnen gleich das gesamte vormalig französische Interessengebiet in Nordamerika an.

Napoleon glaubte, ein Schnäppchen gemacht zu haben, die USA – mit Ausnahme von Thomas Jefferson – waren zunächst ratlos. Eines der unglaublichsten Immobiliengeschäfte der Weltgeschichte hatte einerseits eine plötzliche Verdoppelung des bisherigen Territoriums der jungen Nation zur Folge, doch andererseits wusste niemand, was man sich eingehandelt hatte. Keiner kannte die rund 2,14 Millionen Quadratkilometer Land. Die Grenzen waren in dem Vertrag nicht genau definiert und klar war lediglich, dass der Mississippi im Osten und der Golf von Mexiko im Süden natürliche Barrieren darstellten. Zum Aussehen des Westens und Nordens gab es damals weder Karten noch genaue Grenzziehungen gegenüber den Einflussgebieten der beiden Kolonialmächte Spanien und Großbritannien. Die Spanier hatten sich damals schon im Süden festgesetzt. 1565 hatte Pedro Menéndez de Avilés in Florida mit St. Augustine die erste dauerhafte spanische Siedlung auf dem nordamerikanischen Kontinent gegründet. Doch blieb Florida nur eine Enklave, die 1819 an die USA abgetreten wurde, denn das Zentrum des spanischen Einflussgebiets lag stets im Südwesten. Dabei war es nicht das Militär, sondern die Kirche, die sich das Land und die hier lebenden Indianer untertan machte – mit Beharrlichkeit und Härte, religiöser Inbrunst und durch die Gründung von Missionen. Mit den Missionaren kamen Menschen, die hofften, im »Land der Barbaren«, wie die Landbesitzer in Mexiko den Südwesten abschätzig nannten, neu beginnen zu können. Um die spanischen Missionen im Südwesten und in Kalifornien entstanden daher kleine Ortschaften wie Santa Fe, San Diego oder San Francisco, in denen Siedler und Indianer lebten.

Auf ins »Gelobte Land«

Nach der Forschungsreise der beiden Offiziere Meriwether Lewis und William Clark mit dem Corps of Discovery, jenem Expeditionstrupp, der im Auftrag von Präsident Jefferson 1804 bis 1806 die neu erworbene Immobilie in Augenschein nehmen sollte, änderte sich das Leben im Westen. Zunächst erkundeten Forscher, Trapper und Händler das Land. Bald entstanden

Der Westen, das Land der Indianer ...

... und der Cowboys.

erste Handelsposten, und mehr und mehr Menschen strömten ins sogenannte »Gelobte Land«. Sowohl die kleinen spanisch-mexikanischen Enklaven im Südwesten als auch die frei lebenden und jagenden indianischen Völker in den endlosen Weiten zwischen Pazifik und Prärie gerieten bald unter die Räder der Siedlertrecks aus dem Osten. Hohe Geburtenraten in den Staaten an der Ostküste sowie ein nicht abreißender Einwandererstrom aus Europa – 1825 waren über 10 000, 1854 bereits über vier Millionen Menschen zugewandert – bewirkten, dass viele nun im »Wilden Westen« ihr Glück suchten.

Im Frühjahr 1841 war der erste Treck mit rund 60 Abenteurern ins »Gelobte Land« aufgebrochen. Startpunkt dieses sogenannten California Trails war der Ort Independence in Missouri, Endpunkt war Sacramento in Kalifornien. Dazwischen lagen 3000 Kilometer Strecke durch Prärien, Wüsten und über schneebedeckte Berge, wofür ein Planwagen etwa 120 Tage benötigte. Zwei Jahre nach dem ersten Kalifornien-Treck zog es rund tausend Siedler auf dem Oregon Trail ins nordwestlich gelegene Oregon Territory. Von Independence zum Platte River und über die Rocky Mountains verliefen beide Routen identisch, erst nördlich des Great Salt Lake trennten sich California und Oregon Trail; letzterer folgte schließlich dem Snake River nordwestwärts.

Kein Wunder, dass der Siedlungsstrom Mexiko im Süden und Großbritannien im Norden in Unruhe versetzte, war doch seit 1803 die Grenzziehung zwischen den Interessensgebieten nie geklärt worden. Briten und Amerikaner einigten sich schließlich friedlich und legten 1846 den 49. Breitengrad als Grenze zwischen britischem Land – dem späteren Kanada – und den USA fest. Im Süden dagegen kam es zu militärischen Auseinandersetzungen: Nach dem sogenannten Mexikanisch-Amerikanischen Krieg, der sich am Anschluss von Texas an die USA 1845 entzündete, erhielten die siegreichen USA weite Teile des Südwestens und Kalifornien zugesprochen.

Goldrausch und der Bau der Eisenbahn

Zu diesem Zeitpunkt zog auf der »Wilderness Road«, wie man sämtliche Überlandrouten vom Mississippi in den Westen zusammenfassend nannte, ein Siedlertreck nach dem anderen gen Westen. 1841 bis 1848 nutzten noch keine 3000 Einwanderer den Trail, 1849 waren es schon 25 000 und ein Jahr später gar 44 000. Entlang der Strecke wurde innerhalb weniger Jahrzehnte jedes Stück fruchtbaren Bodens vereinnahmt, alles vermessen und fast das gesamte Großwild abgeschossen. Auf breiter Front eroberten die Weißen den Westen, für Tiere und Indianer blieben am Ende nur wenige Schutzgebiete übrig.

Zu wichtigen Katalysatoren für die Besiedlung des Westens sollten zwei Ereignisse werden: Das erste verbreitete sich 1848 und 1849 wie ein Lauffeuer auf der ganzen Welt: »Gold in Kalifornien!« Von überallher strömten Glücksritter ins »Gold Country« östlich von Sacramento, und zwischen 1848 und 1851 lockte der Goldrausch von Kalifornien rund 300 000 Menschen auf dem See- und Landweg in den Westen. Schließlich suchte man nicht nur in Kalifornien nach Edelmetallen, nein, fast im ganzen Westen begann man nach Gold, Silber, Kupfer oder anderen Erzen zu wühlen.

Das zweite einschneidende Ereignis initiierten vier Geschäftsmänner aus San Francisco beziehungsweise Sacra-

Genügsame Bewohner des Westens: Chuckwalla-Echse, Präriehund und Helm- oder Gambelwachtel.

Noch immer dampfen die Züge der legendären Durango-Silverton Railroad für Besucher durch die Rockies.

mento – die sogenannten Big Four: Charles Crocker, Leland Stanford, Mark Hopkins und Collis Huntington. Sie hatten 1861 die Central Pacific Railroad gegründet und in erfolgreicher Lobbyarbeit die Regierung in Washington von der Notwendigkeit einer Überlandroute überzeugt. Während die Ostküste schon um 1850 großteils durch Eisenbahnlinien erschlossen worden war, sollten nun der Westen und der »Golden State« Kalifornien verkehrstechnisch an den Rest der Union angebunden werden.

In nur sechs Jahren entstand unter Mithilfe zahlloser chinesischer Zuwanderer dieses Meisterwerk der Eisenbahnbauer zwischen Omaha und Sacramento. Als am 10. Mai 1869 der letzte Nagel eingeschlagen wurde und mit dem symbolischen Zusammentreffen der Bautrupps von Union Pacific und Central Pacific bei Promontory, im heutigen Utah, die erste Transkontinentalverbindung gefeiert wurde, war ein weiterer entscheidender Schritt zur Besiedelung des Westens getan.

Eine wegweisende Idee

Für die grandiosen Landschaften im Westen hatten nur wenige Siedler oder Abenteurer ein Auge, ihnen machten vielmehr die klimatischen Bedingungen und die Reisestrapazen, wilde Tiere und Indianer zu schaffen. Dennoch gab es bereits im frühen 19. Jahrhundert Menschen, die in den Weiten des Westens auch einen »Garten Eden« sahen, der des Schutzes bedurfte. Dabei wollte man im Osten Trappern, die von unglaublichen Naturschauspielen berichteten, zunächst nicht recht glauben. Erst als wissenschaftliche Expeditionen, wie diejenige 1870 unter Ferdinand Hayden im Yellowstone oder 1869 und 1871 von John Wesley Powell entlang dem Colorado River, den Ostküstenbewohnern in Wort und Bild von der Schönheit im Westen Zeugnis ablegten, reagierten die Politiker schnell. Nachdem bereits 1864 US-Präsident Abraham Lincoln das Yosemite Valley unter Naturschutz gestellt hatte, erklärte das Federal Government 1872 den Yellowstone zum ersten Nationalpark in der Geschichte, zum »öffentlichen Park oder zur

Wie auf dem Mond fühlt man sich in der bizarren Canyon-Landschaft des Bryce Canyon National Parks.

Vergnügungsstätte zum Nutzen und zur Freude der Bevölkerung«, wie es in dem Gesetzestext heißt.

Endlose Weiten und grandiose Naturdenkmäler, gleichzeitig aber auch Raubbau und Industrie, Agrobusiness und Bauernsterben – eine gewisse Ambivalenz lässt sich im Westen der USA bis heute nicht leugnen. Doch anders als östlich der Rocky Mountains gingen große Teile des Westens nicht in Privathand über, sondern wurden Eigentum der Bundesregierung in Washington. Diese Public Lands sind gemäß der Verfassung Eigentum aller Bürger und werden unterschiedlich genutzt oder sind unter Naturschutz gestellt. Heute umfasst das National Park System etwa 390 Parks, Monuments, Battlefields, Recreational Areas, Historic Sites und andere Schutzgebiete. Verwaltet werden sie vom National Park Service, einer dem Innenministerium unterstellten Behörde, die in den geschützten Arealen auch Polizeigewalt ausübt. Ein anderer Teil der inzwischen etwa 320 000 Quadratkilometer der USA, die unter Naturschutz stehen, wird von den unterschiedlichsten Institutionen verwaltet: Da gibt es den US Forest Service, das Bureau of Land Management oder den US Fish and Wildlife Service. Manche Schutzgebiete stehen unter Obhut indianischer Völker, als bekanntestes das Monument Valley, das den Navajos untersteht. Darüber hinaus haben auch einzelne Bundesstaaten Schutzgebiete ausgewiesen, zum Beispiel State Parks, State Historic Monuments oder Historic Parks. In den Naturschutzgebieten ist Jagen, Beweidung, Bergbau und Holzeinschlag im Allgemeinen verboten, da sie »zum Nutzen und zur Freude« der Menschen dienen sollen. Allerdings gibt es unterschiedliche Kategorien, und in manchen Arealen ist sogar eingeschränkte Nutzung möglich, von Jagen und Angeln bis hin zur Beweidung oder Holzwirtschaft.

Ein weites Land mit vielen Gesichtern

Der Westen der USA umfasst das riesige Gebiet zwischen dem Pazifischen Ozean im Westen, der endlosen Weite der Prärie im Osten, der kanadischen Grenze im Norden und der Sonora-Wüste Mexikos im Süden. Mit etwa drei Millionen Quadratkilometern machen die »klassischen« elf zum US-Westen zählenden Staaten – Arizona, California, Colorado, Idaho, Montana, Nevada, New Mexico, Oregon, Utah, Washington, Wyoming – etwa 40 Prozent der Gesamtfläche des Landes aus. Zählt man noch die am Ran-

de gelegenen Präriestaaten North und South Dakota, Nebraska und Kansas hinzu, macht der Westen mehr als die Hälfte der US-Landfläche aus. Und dabei lebt nur rund ein Viertel der inzwischen über 300 Millionen Amerikaner hier.
Angesichts seiner Größe ist der Westen auch landschaftlich alles andere als einheitlich. Er weist vielmehr eine Vielzahl von Landschaftsformen, Klimaten und Vegetationszonen auf. Das zentrale Tiefland, die Lower Plains, die sich um die großen Seen und das Tal des Mississippi erstrecken, leiten über in die Prärien, die Great Plains, die erste bestimmende Landschaft des Westens. Dieses Grasland, das Richtung Westen langsam von 400 auf 1800 Meter ansteigt und immer wüstenartiger wird, scheint seinerseits wie Wellen des Ozeans auf die mächtige Gebirgskette der Rocky Mountains zuzurollen. Die Rockies wiederum bilden den Ostteil der nordamerikanischen Kordilleren, die sich von Alaska bis hinunter nach Mexiko erstrecken, und Höhen von bis zu 4400 Metern (Mt. Elbert/Colorado) erreichen. Flüsse wie Green oder Colorado River fraßen sich in die Bergwelt hinein und bildeten Canyons, so den grandiosen Grand Canyon.
Zwischen den Rocky Mountains und der vulkanischen Cascade Range, einem weiteren Teil des Gebirgssystems der Kordilleren, liegen intermontane Becken wie das Great Basin, das Columbia und Colorado Plateau. Letztere sind zwar Halbwüsten, werden aber von mächtigen Strömen durchflossen,

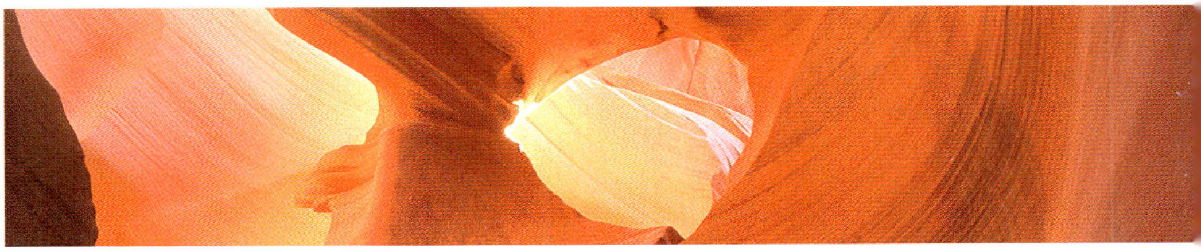

Die Natur als Künstler: in der Vermillion Cliffs Wilderness und im Escalante National Monument.

Der Mythos vom »Wilden Westen«

»Das ist der Westen, Sir – und wenn die Legende zur Wirklichkeit wird, dann drucken wir eben die Legende ab.« Besser kann man den Mythos vom »Wilden Westen« nicht ausdrücken. Dieser Satz stammt aus einem Dialog zwischen einem Zeitungsreporter und dem von James Stewart gespielten US-Senator im Westernfilm »Der Mann, der Liberty Valance erschoss«. Letzterer gesteht dabei, dass er einen Verbrecher gar nicht erschossen und damit die Heldentat, die ihm als Sprungbrett für seine Politikerkarriere gedient hatte, nur vorgetäuscht hätte.

Es war William F. Cody (1846–1917), berühmt geworden als Buffalo Bill, der als einer der Ersten den Wilden Westen zum Mythos erhob. Er avancierte 1869 zur Hauptfigur eines Groschenromans und verstand es geschickt, die Legende vom Westernhelden weiterzuspinnen. Seine Wildwest-Show machte zwischen 1883 und 1913 den Wilden Westen in aller Welt bekannt.

Für den Mythos »Wilder Westen« sollte aber auch das Jahr 1902 eine entscheidende Rolle spielen: Damals erschien der Roman »The Virginian« von Owen Wister (1860–1938). Wie sein Freund, der spätere Präsident Theodore Roosevelt, war der Harvard-Absolvent nach einigen Besuchen in Wyoming vom Westen fasziniert. Wister war es, der den Prototypen des Western-Helden erfand: den *lonesome cowboy*, der für die gerechte Sache und das geliebte Mädchen kämpft. Er begründete damit zugleich ein Genre, das bis heute speziell in den USA große Bedeutung hat.

Während Wister sich rasch einen oberen Platz in der Rangliste bedeutender Schriftsteller sichern konnte, dauerte es bei anderen Western-Autoren wie Zane Grey (1872–1939), Louis L'Amour (1908–1988) oder Max Brand (das bekannteste Pseudonym von Frederick Shiller Faust, 1892 bis 1944), etwas länger, bis sie ihren Ruf als Groschenroman-Autoren abgelegt hatten. Heute werden einige ihrer Romane sogar als Meilensteine der Literatur des Westens angesehen.

Noch ehe die Leinwandhelden im Stile Lucky Lukes in den Sonnenuntergang hineinreiten durften, hatten Groschenromane, Theaterstücke und Wildwest-Shows den Mythos Wildwest bereits gut eingeführt. Der Film machte als neues Medium ein bereits populäres Genre jedoch noch greifbarer und erlebte seine Blüte unter Regisseuren wie John Ford oder Clint Eastwood und mit legendären Schauspielern wie John »The Duke« Wayne (1907–1976), Gene Autry (1907–1998) oder Cary Cooper (1901–1961). In den 1980ern folgte ein Tief, dem selbst weltberühmte Western-TV-Serien wie »Bonanza« zum Opfer fielen. Derzeit nun erlebt das Genre mit Filmen wie Kevin Costners »Dances with Wolves« oder »Open Range«, »Brokeback Mountain«, »3:10 to Yuma« oder »The Assassination of Jesse James« ein Revival: Der Mythos vom Wilden Westen ist eben doch unsterblich …

Gesichter des Westens: prächtig geschmückte Indianer …

wohingegen das Great Basin nahezu abflusslos ist und so die Entstehung von Salztonebenen begünstigte, die Zeugnis ablegen, dass es hier große Seen gegeben hat, die inzwischen ausgetrocknet sind. Dasselbe Schicksal droht übrigens langfristig auch dem Great Salt Lake.

Das pazifische Gebirgssystem, die letzte große Landschaftsform im Westen, schließlich gliedert sich in zwei Hauptketten: im Osten die Gebirgszüge der vulkanischen Cascade Range, fortgesetzt durch die Sierra Nevada einerseits sowie die Küstenbergkette, die Coast Ranges im Westen andererseits. Dazwischen liegen fruchtbare Täler wie das kalifornische Central Valley oder das Willamette Valley im pazifischen Nordwesten.

Ein Flickenteppich …

Fast 200 Jahre Siedlungsgeschichte haben im Westen ein einzigartiges Kulturgemisch entstehen lassen: Einmal glaubt man sich beispielsweise mitten in San Francisco ins ferne China versetzt, im Südwesten gerät man plötzlich in ein pulsierendes mexikanisches Dorf und dann wieder in eine typische amerikanische, moderne Metropole. Andernorts tummeln sich scheinbar nur Cowboys und -girls (in den Rockies), und ein Stück weiter (in der Prärie) treffen sich farbprächtig herausgeputzte Indianer zum Powwow. So unterschiedlich das Land ist, so verschieden sind auch seine Bewohner. Doch Vorsicht, die abgedroschene Metapher vom Melting Pot trifft auf den Westen ebenso wenig zu wie auf New York. Eine Verschmelzung zu einer Einheit gibt es nicht, dazu spielt Individualität eine zu große Rolle. Vielmehr handelt es sich um einen bunten Flickenteppich aus vielen Einzelteilen, die in der Gesamtschau ein harmonisches Ganzes bilden. Und zusammengehalten werden die Menschen vom Stolz darauf, in einem demokratischen und freien Land zu leben, das jedem seine Chance einräumt und seine Freiräume gewährt.

… und ein Eintopf

Wenn man die Bevölkerung des Westens mit einem Flickenteppich vergleicht, könnte man deren Küche als leckeren Eintopf betrachten, in den die unterschiedlichsten Zutaten hineinge-

… und wettergegerbte Cowboys.

worfen wurden. So verdankt man den Indianern eine Vielzahl an Beeren und Wildgemüsen, Wild und Fisch, Kartoffeln, Tomaten, Mais und nicht zuletzt Chilis und Bohnen. Die Spanier führten mediterrane Pflanzen wie Oliven, Trauben, Datteln, Nüsse und verschiedenes anderes Obst ein. Den Amerikanern ist hingegen in erster Linie das Fleisch wie Rind, Truthahn oder Huhn zu verdanken, dem europäischen Erbe die Knödel, Spätzle, Pizza oder der Borschtsch.

Wer glaubt, Fast Food und Wasserbier seien Hauptbestandteile der amerikanischen Küche, unterliegt einem lange tradierten Vorurteil. Nirgendwo sonst gibt es so viele Kleinbrauereien wie im Westen.

Die Weine aus Kalifornien, Oregon und Washington sind weltweit heiß begehrt und anerkannt; mexikanische Gerichte sind schmackhaft und gesund. Und leckere Kreationen aus biologischen, lokal angebauten Produkten sind besonders zwischen San Francisco, Portland und Seattle auf den Speisekarten zu finden. Der Westen hingegen ist bekannt für seine Steaks – Ribeye, T-Bone, Porterhouse, Tenderloin oder Sirloin, um nur ein paar Varianten zu nennen.

Die Region nördlich von San Francisco hat sich in den letzten Jahren zu einem der wichtigsten Zentren der biologischen Landwirtschaft entwickelt. Die Nähe zu San Francisco war dabei sicher von Vorteil, legt doch dort die Bevölkerung besonders großen Wert auf gesunde Ernährung, hohe Qualität und Umweltschutz, und sie ist auch bereit, dafür etwas mehr auszugeben. Doch das Gegenstück zu »organic food«, zu Kleinproduzenten und Biokost liegt quasi nur einen Steinwurf von der Bay Area entfernt, im Central Valley. Das Herz Kaliforniens ist ein Musterbeispiel für Agrobusiness, für riesige Monokulturen, sich endlos hinziehende Zitrusplantagen und Gemüseanbauflächen.

Auch auf den riesigen Weideflächen des Westens mit seinen Maststationen greifen neue Ideen um sich: Nicht nur Bisonherden, die gesundes, mageres Fleisch produzieren, nehmen wieder zu, das neue Zauberwort heißt »Holistic Management«. Bei dieser umweltverträglichen Rinderzucht werden die Herden auf einem begrenzten Areal gehalten und regelmäßig auf neue Weiden getrieben – wie einst die Bisons, die auf der Futtersuche wanderten. Man vermeidet damit die Überweidung der Prärie und sichert die Gräservielfalt.

Bisons, die »Herren der Prärie«, gehören heute wieder zum Bild im Yellowstone National Park.

»Here they come!«

Was heute nur noch zu bestimmten Terminen und in bestimmten Parks zu derartigen Freudenrufen veranlasst, gehörte einst zum Alltag im Westen: eine galoppierende Bisonherde. Der Bison ist das Wappentier des nordamerikanischen Kontinents. Mit dem europäischen Wisent verwandt, reichte sein Lebensraum um 1800 noch von den Appalachen im Osten bis hin zu den intermontanen Ebenen der westlichen Gebirgsketten und vom Norden Kanadas bis in den Norden Mexikos. Schätzungsweise sollen einmal 50 bis 60 Millionen Tiere existiert haben – um 1900 zählte man gerade noch ein paar Hundert!

Für die Vernichtung der riesigen Bisonbestände durch die Weißen gab es verschiedene Gründe: Einerseits galten sie als Nahrungskonkurrenten für die Rinderherden und gefährdeten die Getreideernte, andererseits wurden sie zur Unterwerfung der Prärie-Indianer instrumentalisiert. Um sie zu schwächen, wurde ihre Hauptnahrungsquelle fast eliminiert. Dank staatlicher Schutzmaßnahmen sowie staatlicher und privater Zuchtprogramme ist die Zahl in den letzten Jahrzehnten mittlerweile wieder auf eine halbe Million gestiegen.

Der Bison ist das größte Landsäugetier Nordamerikas, doch kaum weniger beeindruckend sind die Bären, besonders der Grizzly. Sein Lebensraum erstreckte sich ursprünglich von Alaska bis Nord-Mexiko, im westlichen Teil des Kontinents. Ein Grizzly wird bis zu 2,30 Meter groß und bis zu 400 Kilogramm schwer. Der lateinische Name des Grizzly, *Ursus horribilis*, deutet schon an, wie er vom Menschen vielfach gesehen wurde und wird: nämlich als »blutrünstige Bestie«. Und das war einer der Gründe, warum auch diese Tierart fast ausgerottet wurde.

Seit jeher im Westen zu Hause: Bighornschaf, Uhu und Bison ...

Der Wolf wurde ebenso als gefährlich eingestuft, und so erhielten er und viele andere bedrohte Tierarten erst in den letzten Jahrzehnten durch die Ausweisung von Schutzgebieten wieder eine Überlebenschance. Dank dieser Schutzprogramme sind beispielsweise Wölfe und Seekopfadler, teils auch Pumas und Bären in die Nationalparks zurückgekehrt. Andere Wildtiere haben sich mit der Zivilisation arrangiert, zum Beispiel der Kojote, das Rotwild oder die Antilopen, die inzwischen sogar die Nähe der Menschen suchen, um von den Überschüssen der modernen Lebensweise, sprich dem Müll, zu profitieren.

Steter Kampf ums Dasein

Während die meisten bleichgesichtigen Neuankömmlinge das Land, seine Flora und Fauna in erster Linie unter wirtschaftlichen Aspekten sahen und viele das ungeachtet aller Natur- und Umweltschutzmaßnahmen auch noch heute tun, haben sich die im Westen beheimateten Indianer stets als Teil der Natur verstanden. Aus diesem Grund betrachteten sie einst die wachsende Besiedlung des Westens mit mehr oder weniger großer Skepsis, die letztendlich vielfach zu heftigen Auseinandersetzungen führte.

Dezimiert durch eingeschleppte Krankheiten, vielfach ihrer Lebensgrundlagen wie dem Bison beraubt

In den Old Tucson Studios lebt der alte Westen fort.

und erschöpft vom verzweifelt geleisteten Widerstand gegen das US-Militär, speziell in der zweiten Hälfte des 19. Jahrhunderts, verschlechterten sich die Lebensbedingungen zusehends. Am Ende wurden die einst stolzen »Herren der Prärie« in Reservate gepfercht oder zwangsumgesiedelt. Und dabei hatte Präsident Jefferson noch zu Beginn des 19. Jahrhunderts die Weiten des Westens als Jagd- und Indianerland betrachtet. Durch den Druck von Abenteurern, Unternehmern und vor allem Siedlern gerieten jedoch rasch alle gut gemeinten Ideen und Ideale in Vergessenheit.

Der weiße Mann, ein Dummkopf

»… der weiße Mann, fast ein Gott und doch ein großer Dummkopf …« Mit diesen Worten brachte der Crow-Indianer Plenty-Coup die Meinung der Prärie-Indianer nach fast einem Jahrhundert Kontakt mit den Weißen um 1880 auf den Punkt. So existieren beispielsweise von den rund 65 indianischen Stämmen, die um 1600 zwischen Mississippi und dem pazifischen Nordwesten lebten, heute nur noch etwas mehr als die Hälfte. Manche bestehen lediglich aus einzelnen Familien oder leben in Reservaten mit anderen Stämmen zusammen. Dabei hat so manches Volk ein enormes Durchhaltevermögen bewiesen, beispielsweise die Navajos im Südwesten oder die Great Sioux Nation in den Dakotas. Die Statistiken variieren stark, was die Zahl der Indianer in den Vereinigten Staaten angeht, abhängig davon, wer als Indianer gezählt wird beziehungsweise als solcher registriert ist. Fasst man jene zusammen, die sich selbst so bezeichnen und entsprechend bei den Behörden gemeldet sind, leben offiziell etwa 2,5 Millionen in den Vereinigten Staaten, ungefähr die Hälfte davon in einem der zahlreichen Reservate. Wie viele Indianer vor dem Auftauchen der »Bleichgesichter« einst auf dem nordamerikanischen Kontinent zu Hause waren, ist dagegen unklar: Schätzungen bewegen sich zwischen einer und zwei Millionen. Untergegangen sind die Ureinwohner also keineswegs: Inzwischen sind über 260 Stämme offiziell als unabhängige Nationen von der Bundesregierung in Washington D.C. anerkannt.

Rückblickend haben jedoch die den Weißen stets skeptisch gesonnenen Sioux recht behalten: Etwa ein Jahrhundert, nachdem 1804 bis 1806 die Amerikaner die von Napoleon erworbene »Immobilie« erstmals in Augenschein genommen hatten, waren durch Seuchen und Kriege fast 90 Prozent der indianischen Bevölkerung ausgelöscht worden. Ihrer Wurzeln und Traditionen beraubt, lebten die Verbliebenen vielfach als Almosenempfänger auf fast unfruchtbarem Land. Obwohl die Reservate mit staatlichen Mitteln gefördert werden, ist bis heute in vielen Fällen die wirtschaftliche, soziale und gesundheitliche Lage alles andere als erfreulich: Arbeitslosigkeit, Krankheiten wie Diabetes, Drogen und Alkohol, eine hohe Selbstmordrate und eine niedrige Lebenserwartung machen viele Reservate gewissermaßen zu Entwicklungsländern.

Trotz dieser Tristesse zeichnet sich jedoch in letzter Zeit Licht am Horizont ab: In vielen Indianerreservaten machen sich eine Aufbruchstimmung und ein Umdenken bemerkbar. Gerade junge Indianer/innen legen zunehmend Wert darauf, ihre Wurzeln und Traditionen kennenzulernen und wiederzubeleben. Nach Generationen der Resignation scheint sich ein neues Selbstbewusstsein zu entwickeln.

Faszinierendes Farbenspiel im Antelope Canyon …

WE ARE
OPEN

Als sei die Moderne hier spurlos vorbeigegangen: ein kleiner Laden mit Antiquitäten, Trödel und Kuriosem.

Der Pazifische Nordwesten

Zwischen der landschaftlich dramatischen Pazifikküste mit ihren Klippen und Buchten, einsamen Leuchttürmen und romantischen Stränden, mit kleinen Fischerorten und Künstlerkolonien, den schneebedeckten, manchmal noch rauchenden Vulkanbergen der Kaskaden und der Weite des Columbia Plateaus wartet der pazifische Nordwesten mit unvergesslichen Landschaftserlebnissen, faszinierenden Metropolen und kulinarischen Leckerbissen auf.

Eine Fahrt entlang der Pazifikküste in Oregon eröffnet fast nach jeder Kurve neue, atemberaubende Ausblicke auf das Meer und die zerklüftete Küste.

Während Powwows, wie hier in der Warm Springs Indian Reservation, werden die alten Traditionen der Ureinwohner zu neuem Leben erweckt.

RENT NOW

Seattle wird neben Bergen und Hügeln vom Wasser dominiert.

Der Columbia River Gorge erstreckt sich von The Dalles bis Crown Point und bildet in weiten Teilen die Grenze zwischen den Bundesstaaten Washington (südliche Grenze) und Oregon (nördliche Grenze).

Zwischen tiefblauem Meer und schneebedeckten Bergen

Nach Sonnuntergang beginnt die Skyline von Seattle langsam zu leuchten.

Gemächlich tuckert das Fährschiff durch den Puget Sound. In der spiegelglatten, tiefblauen See spiegeln sich die wenigen Schäfchenwolken, im Hintergrund ragen die schneebedeckten Gipfel der Vulkanberge der Kaskaden mit dem 4392 Meter hohen Mount Rainier als höchstem, mit Mount Baker und Mount St. Helens empor. Davor glitzern und funkeln Glas und Stahl im Licht der Sonne, und langsam schält sich die Silhouette der Metropole Seattle mit der himmelwärts strebenden Space Needle aus dem smaragdgrün schimmernden Licht. Kein Wunder, dass Seattle den Beinamen »Emerald City« – die Smaragd-Stadt – trägt und zu den attraktivsten Städten Nordamerikas zählt. Beinahe ringsum vom tiefblauen Wasser des Puget Sound, den dunkelgrünen Wäldern und den schneebedeckten Bergen umgeben, ist Seattle eine beeindruckende Metropole. Mit ihren hügeligen Vororten, historischen Stadtvierteln wie Belltown, Capitol Hill, Queen Anne oder Fremont, den engen Sträßchen, der historischen Architektur und den spektakulären Ausblicken erinnert Seattle sogar ein wenig an San Francisco, ist aber bei genauerem Hinsehen dann doch ein Unikat.

Was die Stadt jedoch mit San Francisco verbindet, der man zu Unrecht nachsagt, es würde hier ständig regnen, ist das seltsame, bunt gemischte Völkchen, das hier zu Hause ist: Die »Seattlites« gelten einerseits als eigenartig und schrullig, andererseits hingegen als besonders liberal und tolerant. Soziales und politisches Engagement gehört zum Gesellschaftsleben, Umweltschutz und Bioprodukte zum guten Ton. Kein Wunder, dass sich die Stadt mit ihrer guten halben Million Einwohner in den letzten Jahren besonderen Zulaufs erfreut. Wer nach Seattle zieht, tut das nicht, oder zumindest nicht ausschließlich, um reich zu werden, sondern in erster Linie, um die Vorzüge eines guten Lebens zu genießen.

Stadt der Erfinder, Musiker und Leckermäuler

Kein Wunder, dass in diesem Umfeld einst die alternative Musikszene blühte und noch blüht: Jimmy Hendrix, Quincy Jones oder Ray Charles wurden hier geboren oder lebten hier, und Alternativbands wie Nirvana oder Pearl Jam begründeten den Seattle Sound, den »Grunge«, und machten ihn weltberühmt. In jüngerer Zeit sind es Gruppen wie »The Presidents of the United States« oder die »Infernal Noise Brigade«, die den Ruf der Stadt als musikalisches Eldorado rechtfertigen. Dabei ist die Stadt noch nicht sehr alt. Erst im November 1851 hatten Siedler aus dem Osten hier am Puget Sound eine Siedlung gegründet und diese nach dem lokalen Indianerhäuptling Sealth benannt. Anfangs war Seattle dank der dichten Wälder in der Umgebung vor allem als Holzzentrum bedeutend. Für den eigentlichen Boom sorgte jedoch die Eisenbahn und ein Dampfer namens »Portland«, der 1897 mit einer Ladung Gold aus Klondike (Alaska) an Bord anlegte. Er löste einen Goldrausch aus, von dem gerade Seattle als letzter wichtiger Umschlagplatz und Versorgungspunkt auf dem Weg zum vermeintlichen Glück profitierte.

Seattle ist bis heute eine Stadt der Geschäftsleute, Erfinder und Existenzgründer geblieben, und Microsoft, Boeing oder Starbucks sind nur ein paar der hier ansässigen weltberühmten Unternehmen. Kaffeeduft ist nur eines der Aromen, das Besuchern beim Bummel über den 1907 eingerichteten Pike Place Public Market, den ältesten, kontinuierlich betriebenen Bauern- und Fischmarkt der USA, in die Nase steigt. Labyrinthisch zieht er sich über mehrere Ebenen unter einem Dach und im Freien hin und führt mit seinen Buden, Lokalen, Shops und Bühnen, seinen Marktschreiern und Straßenkünstlern ein Eigenleben.

Rund 50 Lokale aller Art stehen auf dem Marktareal zur Auswahl, weitere im benachbarten In-Viertel Belltown. Von Northwestern Haute Cuisine bis zu Fast Food, vom aromatischen Cappuccino bis zum frisch gezapften Bier

Hammering Man – eine bewegliche Skulptur.

Experience Music Project und Space Needle.

»Let'er buck!« – Pendleton Round-up

Es herrscht gespenstische Stille im weiten Rund der Arena, die Spannung steigt. Plötzlich schnellt das bunte Holzgatter zur Seite, und der Bulle springt wie vom Teufel besessen aus der engen Box. Doch der Cowboy auf seinem Rücken lässt sich nicht abschütteln – und die Zuschauer sind aus dem Häuschen und brüllen: »Let'er buck!«

Alljährlich im September verwandelt sich das sonst eher verschlafene Provinznest Pendleton während des Round-up, eines der bedeutendsten Rodeos Nordamerikas, in ein Wildwest-Tollhaus. 1909 war zur Ablenkung vom harten Alltag ein Fest ins Leben gerufen worden mit Mustang-Zureiten, Pferderennen und anderen Cowboy-Belustigungen. Seither findet dieses Round-up regelmäßig statt. Dass es kein gewöhnliches Rodeo ist, dafür sorgen die Indianer, genauer gesagt die Confederated Tribes – Umatilla, Cayuse und Walla Walla –, deren Reservat sich nahe der Stadt befindet. Sie feiern nämlich gleichzeitig mit Paraden, Wahlen und Tanzwettbewerben eines der größten Powwows im Westen.

Rodeos gehören im US-Westen im Sommer zum Alltag, schließlich ist Rodeo der Nationalsport der Cowboys. Schon zu Blütezeiten in der zweiten Hälfte des 19. Jahrhunderts gönnte man sich an Wochenenden auf Ranches und in den Ortschaften etwas Ablenkung vom harten Farmalltag. Zu Beginn des 20. Jahrhunderts entwickelten sich schließlich aus den privaten Vergnügungen feste Rodeo-Wettbewerbe. Zu den legendären Veranstaltungen heute gehören das Pendleton Round-up, die seit 1912 den ganzen Westen in den Bann ziehende Calgary Stampede oder die als »Daddy of 'em All« bezeichneten Cheyenne Frontier Days.

Längst sind die Wettbewerbe jedoch mehr als ein bloßer Freizeitspaß für energiestrotzende, junge Cowboys. Rodeo ist zum Berufssport geworden und die Teilnehmer sind in der Professional Rodeo Cowboys Association (PRCA) organisiert. Da es Preisgelder von insgesamt 150 000 Dollar und mehr zu gewinnen gibt, finden sich die besten professionellen Rodeo-Cowboys aus ganz USA, Kanada und sogar Australien zu den Wettbewerben ein, und die Besten treffen sich im Dezember zum großen Finale in Las Vegas.

Publikumsmagneten sind das Bareback und Saddle Bronc Riding – auf wilden Mustangs mit und ohne Sattel – sowie das Bull Riding (auf wilden Stieren), doch das fachkundige Publikum weiß auch die harmloseren Disziplinen, zum Beispiel Roping, wo ein Kalb oder ein junger Stier einzufangen ist, zu schätzen. Zu den härtesten Disziplinen zählt das Steer Wrestling, wo der Cowboy einen jungen Stier bei den Hörnern packt und zu Boden wirft. Einst waren in Pendleton auch Frauen an allen Disziplinen beteiligt, heute sind sie nur mehr beim Barrel Race dabei – ein Rennen auf Zeit über einen Parcours aus Fässern. Dafür gibt es jetzt professionelles Frauen-Rodeo.

Von Seattle aus eroberte nicht nur Starbucks, sondern der Kaffee überhaupt das Herz der Kaffeeliebhaber.

ist alles vertreten – also typisch Seattle, denn die kulinarische Szene ist so vielseitig und legendär, dass die Stadt neben San Francisco und New York zu den Feinschmecker-Mekkas Nordamerikas zählt.

Himmelwärts und in den Untergrund

Seattles Stadtzentrum gleicht einem Musterbuch moderner Architektur. Herausragendes Wahrzeichen der Stadt ist die 185 Meter hohe Space Needle, Teil des Seattle Center, ein Gelände im Nordwesten der Stadt, das zur Weltausstellung EXPO 1962 mit futuristisch anmutenden und revolutionär-modernen Gebäuden entstanden war. Nicht versäumen sollte man dort einen Blick ins Pacific Science Center mit seinen Lasershows, Hologrammen und naturwissenschaftlichen IMAX-Filmen.

Außerdem unbedingt lohnend ist das Experience Music Project. Gestiftet von Science-Fiction- und Hendrix-Fan Paul Allen, dem Mitbegründer von Microsoft, entstand hier eine erlebenswerte Erinnerungsstätte an Jimmy Hendrix und den Rock 'n' Roll. Geplant wurde der Bau von dem Stararchitekten Frank Gehry in Form einer Gitarre.

Am Pioneer Square, im Süden von Downtown, steht die Wiege Seattles – und hier befinden sich noch heute die ältesten Gebäude der Stadt. Die eigentlichen Überreste aus der Zeit vor dem großen Brand 1889 verbergen sich allerdings im »Underground«. Unter dem heutigen Straßenniveau hat sich hier im Zentrum eine unterirdische Stadt erhalten, durch die Touren angeboten werden. Und hinterher informiert der nahe Klondike Gold Rush National Historic Park über den berühmten Goldrausch am Klondike und die Rolle der Stadt. Nur wenige Schritte nordwärts wird das spektakuläre Seattle Art Museum – kurz SAM

Trotz Leuchttürmen – wie hier am Cape Arago – strandeten schon über 200 Schiffe an Oregons Küste.

– vom »Hammering Man«, einer beweglichen Skulptur von Jonathan Borofsky, markiert. Es belegt, dass die Metropole des Nordwestens auch kulturell führend ist.

Die Zauberwelt des Regenwaldes

Schnee- und gletscherbedeckte Berggipfel, fast undurchdringliche Wälder, glasklare Bäche und Flüsse, türkisfarbene Buchten und Fjorde sowie menschenleere Strände machen die Olympic Peninsula, an der Westseite des Puget Sounds, gegenüber der Emerald City gelegen, zu einem faszinierenden Naturparadies. Mit dem 2500 Meter hohen Mount Olympus im Zentrum erstreckt sich das Naturschutzgebiet fast über die gesamte Halbinsel zwischen Pazifik im Westen, der Strait of Juan de Fuca – jener Meerenge, die Kanada und die USA voneinander trennt – im Norden und dem Puget Sound im Osten.

Als Präsident Theodore Roosevelt 1909 große Bereiche um den Mount Olympus zum National Monument erklärte, tat er dies in erster Linie aus persönlichem Interesse: Er wollte die vom Aussterben bedrohten, nach ihm benannten Roosevelt-Hirsche unter Schutz stellen. 1938 wurde das Gelände vergrößert und zum National Park erklärt. Das gut 370 000 Hektar große, wenig bekannte Areal ist vielseitig und vereint alpine Wildnis und zerklüftete Pazifikküste, ausgedehnten nicht-tropischen Regenwald und einsame Sandstrände auf einzigartige Weise miteinander.

Im »dunklen, feuchten Tann«

Ein dichtes Netz von Trails führt mitten hinein in die mystisch-geheimnisvolle Welt eines der letzten unverfälschten Regenwälder nördlicher Breiten. Im Hoh Rain Forest, an der Westseite des Naturparks, präsentiert sich dieses beinahe unwirklich erscheinende grüne Dickicht mit Moosen und Pilzen, Sequoias, Tannen und Ahorn am eindrucksvollsten. Während ein solcher Regenwald in den tieferen Lagen der Berglandschaft der Olympic Peninsula zu finden ist, wird er mit zunehmender Höhe und Trockenheit erst durch Misch-, dann durch Nadelwald ersetzt.

Dominanter Blickpunkt, häufig von dichten Wolken umhüllt, ist der

2428 Meter hohe Mount Olympus. Wie Mount Rainier und Mount St. Helens verdankt er seine Entstehung der Reibung von amerikanischer und pazifischer Erdplatte. Modelliert durch eiszeitliche Gletscher und abgeschliffen durch nacheiszeitliche Erosionen, ziert seinen Gipfel eine leuchtend weiße Kappe ewigen Eises. Diese kann sich wegen der herrschenden hohen Niederschläge – fünf Meter Regen und zwölf Meter Schnee jährlich – ständig neu bilden.

Um die Olympic Peninsula führt der US Highway 101, Teil des berühmten Pacific Coast Highway. Abzweiger gehen von ihm ab an den Pazifik oder landeinwärts in die dichten Regenwälder. Der Highway passiert auch den wichtigsten Ort der Region, Port Angeles, und von dort geht es auf einer Stichstraße ins Zentrum des Nationalparks. Der »101« schlängelt sich dann weiter Richtung Süden und erreicht an der Mündung des mächtigen Columbia River den Bundesstaat Oregon. Hat man erst einmal die gut sechs Kilometer lange Astoria Bridge überquert, bietet sich Gelegenheit, die Oregon Coast zu erkunden und festzustellen, dass dieser Küstenabschnitt zu den schönsten Landschaften im Nordwesten gehört.

»On the Edge of the Universe«

Über 340 Kilometer schlängelt sich der Pacific Coast Highway die Küste Oregons entlang und bildet den wohl spektakulärsten Küstenabschnitt auf der rund 2500 Kilometer langen Strecke zwischen Los Angeles und Seattle. Namen wie Devil's Punch oder Cape Foulweather deuten die Rauheit der Küste an: riesige Monolithe, fjordartige steile Buchten, baumbestandene Sanddünen, Klippen, aber auch flache einladende Strände, bis ans Meer reichende Wälder und wilde, unberührte Naturparks bilden die eindrucksvolle Kulisse vor dem sich endlos bis zum Horizont ausbreitenden Pazifik.

»On the Edge of the Universe«, am Rande des Universums, so fühlt man sich, wenn man hoch oben an einem der zahlreichen Aussichtspunkte entlang der Küste, zum Beispiel Strawberry Hill, steht und hinaus auf die weite See blickt. Nussschalengroße Fischerboote, doch keine großen Schiffe sind zu sehen, denn Letztere halten sich von der zerklüfteten, berühmt-berüchtigten Küste fern. Mehrere Leuchttürme warnen bei Nebel, Dunkelheit und Sturm die Seefahrer, aber dennoch liegen schon mehr als 200 Schiffwracks vor der Küste. Wer sich zur richtigen Zeit, im Spätherbst oder im zeitigen Frühjahr, an der Oregon Coast aufhält, wird Zeuge eines beeindruckenden Naturschauspiels: nämlich dem Zug der Wale hinauf in den Norden zu ihrer Sommerheimat Alaska und zurück.

Mehr über das Leben an der Küste erfährt man in den Sea Lion Caves, etwa 20 Kilometer nördlich von Florence. Dort kann man in vom tosenden Meerwasser geformten Grotten eine Seelöwen-Kolonie aus nächster Nähe beobachten. Das Oregon Coast Aquarium in Newport komplettiert das Erlebnis. In dieser ungewöhnlichen Kombination von Aquarium, Zoo und Park tummeln sich in beispielhaft angelegten Habitaten Seeotter, Robben und Seelöwen sowie vielerlei Seevögel. Zwischen Florence und North Bend ist die Natur selbst die eigentliche Attraktion: Hier schieben sich zwischen die dichten Wälder des Hinterlandes und die Felsküste am Pazifik bis zu

»On the Edge of the Universe« liegt die traumhafte Pazifikküste im Nordwestens Amerikas.

150 Meter hohe Sanddünen, die teilweise als »Oregon Dunes National Recreation Area« unter Schutz stehen. Auch an sehenswerten Orten fehlt es nicht an Oregons Pazifikküste: Astoria heißt nicht ohne Grund Little San Francisco of the Northwest. Wer einmal, vorbei an liebevoll restaurierten viktorianischen Wohnhäusern, die steilen Sträßchen hinauf zum höchsten Hügel, dem Coxcomb Hill, gefahren oder gelaufen ist, fühlt sich durchaus etwas an die »Belle of the Bay« erinnert. Von hier aus bietet sich nicht nur ein spektakulärer Blick über das Mündungsgebiet des Columbia River, sondern es gibt auch die Wandmalereien der fast 40 Meter hohen Astoria Column zu bewundern, die nach dem Vorbild der Trajanssäule in Rom gebaut wurde. Im Jahr 1811 war der Ort als erste dauerhafte amerikanische Siedlung westlich des Mississippi im Auftrag des deutschstämmigen Händlers Johann Jakob Astor, genau genommen als Pelzhandelsstation, gegründet worden.

Beschaulich-idyllisch präsentiert sich Florence mit liebevoll restaurierter Altstadt und Fischerhafen. Nicht weit davon entfernt, nahe den Sea Lion Caves, markiert das Heceta Head Lighthouse die kurvige Kontur der Küste. Wegen seiner traumhaften Lage an der Steilküste gilt er als meistfotografierter Leuchtturm der USA. Die Hafenstadt Newport schließlich hat sich nicht nur wegen des Oregon Coast Aquariums einen Namen gemacht, sondern hier ist mit der Rogue Brewery auch eine der besten Kleinbrauereien der USA ansässig.

City of Books, Beers and Blooms

Apropos Bier: Es sind nicht zwangsläufig die spektakulären Besichtigungspunkte, die eine Stadt zu einem besonderen Reiseziel machen. Lebensstil, eine bestimmte Atmosphäre, ein besonderes Flair oder besondere Spezialitäten, wie eben das Bier, können ebenfalls zur Reputation beitragen. In diese Kategorie fällt Portland, die »City of Books, Beers and Blooms«. Hier befinden sich nämlich nicht nur

Gleich beginnt die nächste Show im historischen Portland Theater.

Das Angebot an lokalen Produkten auf dem Farmers Market in Portland/Oregon ist umwerfend.

PORTLAND

Oregon, speziell Portlands Umland hat sich zum Top-Weinanbaugebiet entwickelt.

der größte Buchladen der USA – Powell's City of Books – und der älteste Rosengarten der USA, im »Microbrew Capital of the World« gibt es zudem mehr Brauereien und Brewpubs als in jeder anderen amerikanischen Stadt. Bei allein an die 30 Kleinbrauereien lebt angeblich niemand mehr als eine Viertelstunde von einer »Quelle« entfernt. Wenn das kein »Beer Lover's Paradise« ist!

Auch Blumen und die Farbe Grün sind im Stadtbild allgegenwärtig: Es gibt an die 15000 Hektar an ausgewiesenen Parkflächen, Highlight ist der Washington Park im Südwesten der Stadt mit dem weltberühmten, 1917 gegründeten International Rose Test Garden. Auf über zwei Hektar Grund gedeihen an die 8 000 Rosenstöcke in 550 verschiedenen Arten. Der gut ausgebaute öffentliche Nahverkehr trägt dazu bei, dass Portland den Ruf einer »grünen« Stadt hat. Ein Auto ist hier überflüssig, zumal sich die Sehenswürdigkeiten wie das Oregon History Center, das Portland Art Museum oder das Oregon Museum of Science & Industry (OMSI) in der Innenstadt bequem zu Fuß erreichen lassen. In die etwas weiter abseits gelegenen, trendigen Neighborhoods wie den Pearl District oder Nob Hill um die 23rd Street herum mit den zahlreichen Boutiquen, Restaurants, Bierkneipen und Cafés fährt die Straßenbahn.

»Cooking from the Source«

Das Motto in Portlands Lokalen heißt »Cooking from the Source«. Frische Zutaten aus der unmittelbaren Region – Wildfrüchte, Nüsse, Pilze, Gemüse und Obst, frischer Fisch und Meeresfrüchte von der nahen Pazifikküste – bilden die Grundlagen einer kreativen Küche. Diese geht wiederum eine perfekte Symbiose mit den edlen Tropfen aus Oregons Weinregion ein, vor allem dem Willamette Valley.

Dieses Tal erstreckt sich von Portland südwärts über die Hauptstadt Salem bis zur Universitätsstadt Eugene. Das Tal gilt als »Garten Eden« und »Füllhorn« des Nordwestens, da Obst, Beeren und andere Wildfrüchte, Nüsse, Gemüse und Pilze, aber auch Hopfen hier üppig gedeihen.

Trauben waren es jedoch, die die Region zum Aushängeschild des Oregon Wine Country machten. Die Region ist ein »Pinot-Noir-Land«, und man hat sich seit den 1980ern den Ruf als »amerikanisches Burgund« erworben. Das Herz der Weinregion schlägt in McMinnville, kaum eine Autostunde von Portland entfernt. Im Großraum des Städtchens, zu dem die Orte Dayton, Yamhill, Dundee und Newberg gehören, konzentriert sich ein Viertel aller Weingüter Oregons. McMinnville ist ein günstiger Ausgangspunkt für eine Weintour durch Oregons Wine Country, ebenso die Ortschaft Newberg. Vor allem entlang den Highways 221 und 99W reihen sich blaue Hinweisschilder der Weingüter aneinander, es bieten sich Bed & Breakfasts zum erholsamen Nächtigen nach Weinproben an, und gemütliche Restaurants laden dazu ein, die typischen Gerichte der Region kennenzulernen.

Abgesehen vom Willamette-Tal wird auch im Columbia River sowie im Rogue und Umpqua Valley Wein produziert. Insgesamt umfasst die Rebfläche Oregons zwar nur etwa 3200 Hektar, was in etwa zwei Prozent der kalifornischen Fläche entspricht, doch werden auf diesem kleinen Areal hochkarätige Tropfen hervorgebracht. Mittlerweile haben sich in Oregon über 120 Betriebe etabliert, und das trotz der starken Konkurrenz in unmittelbarer Nachbarschaft: einerseits die seit Langem boomende, glamouröse »Weinlegende« Kalifornien, zum anderen der aufstrebend-innovative Staat Washington. Dort produzieren mächtige Großunternehmen Durchschnittsqualität, doch auch »Winzlinge« an Betrieben Top-Produkte, die vorwiegend dem heimischen Markt vorbehalten sind.

Der »Ring of Fire«

Die Vulkane der Cascade Range bilden im Hinterland, parallel zur Pazifikküste, von Nordkalifornien an eine Bergkette, die bis hinauf in die kanadische Provinz British Columbia reicht. Sie sind Teil eines Vulkangürtels, der sich um den Pazifik zieht und »Ring of Fire« genannt wird. Die Bergwelt der Kaskaden im Nordwesten der USA gehört zu den noch immer aktiven Vulkanlandschaften der Welt, und daher ist das Hinterland von Nordkalifornien, Oregon und Washington geprägt von Lavafeldern und Wäldern, ehe es im Osten in die Halbwüstenregionen des Great Basin be-

Oregon ist »Pinot Noir«-Land, doch auch andere Traubensorten gedeihen prächtig.

ziehungsweise des Columbia Plateau übergeht.
Die Erdkruste setzt sich aus zahlreichen größeren und kleineren Erdplatten zusammen. Deren Bewegung von zwei bis zehn Zentimetern pro Jahr kann dazu führen, dass es zur Reibung an den Erdplattengrenzen kommt und sich diese Spannung ruckartig abbaut. Erdbeben sind die Folge. Die Entstehung der Cascade Range ist auf einen solchen Spannungsbereich, jenem zwischen pazifischer und nordamerikanischer Platte, zurückzuführen. Erstere schiebt sich langsam unter die westwärts abdriftende nordamerikanische Platte, in der Tiefe beginnt das versenkte Material unter Druck und Hitze zu schmelzen, und das dabei entstehende Magma steigt an die Oberfläche und bildet Stratovulkane. In der Südostecke Oregons liegt mit dem Crater Lake ein faszinierender Vulkansee, der inzwischen als Nationalpark unter Schutz steht. Der letzte Ausbruch dieses Vulkans vor rund 7000 bis 8000 Jahren entwickelte derartige Kräfte, dass die Eruption des Mount St. Helens weiter nördlich, im Staate Washington, die 1980 live im Fernsehen mitverfolgt werden konnte, vergleichsweise ein Strohfeuer war. Vor dem Ausbruch stand anstelle des Crater Lake der 3600 Meter hohe Vulkan Mount Mazama. Nach der Explosion befand sich hier eine riesige Caldera, ein abflussloses Becken, das sich mit Wasser füllte und den bis zu 590 Meter tiefen See bildete.
Der gegenwärtig aktivste Vulkan des Feuerrings ist der Mount St. Helens. Vor wenigen Jahren stand er erneut vor dem Ausbruch – um sich überraschend wieder zu beruhigen. Man war

Vielfältige Landschaft im Nordwesten zwischen Mount St. Helens (oben) und Box Canyon Creek.

dennoch gewarnt, denn im Frühjahr 1980 hatte der Vulkan nach nur 123 inaktiven Jahren über drei Milliarden Kubikmeter Lava, Asche, Gestein und Erde in die Atmosphäre geschleudert. Beim Ausbruch war die Asche bis zu 20 Kilometer hoch aufgestiegen, und bis nach Montana war der Boden damals von einer grauen Schicht bedeckt. Selbst in Europa wurden Staubpartikel gefunden.
Wie ein mächtiger Gigant überragt der knapp 4400 Meter hohe Mount Rainier, der höchste Berg der Cascade Range, die Küstenregion des Nordwestens. Zwar liegt sein letzter großer Ausbruch über 2000 Jahre zurück, doch lassen kleine Rauchsäulen über dem Gipfel noch immer auf ein brodelndes Innenleben schließen. Nirgendwo sonst in Nordamerika, außerhalb von Alaska, finden sich so viele Gletscher wie hier am Mount Rainier: 26 auf einer Fläche von fast 90 Quadratkilometern.

Die »Bridge of the Gods«

Sattgrüne Regenwälder, gischtsprühende Wasserfälle, ein mächtiger Fluss, der sich seine Bahn durch ein Felsmassiv gefräst hat, zwei schneebedeckte Vulkanberge im Hintergrund und eine Landstraße – der Highway 30 –, die sich ihren oft dramatisch kurvigen Weg bahnt: So könnte man in Kurzfassung eine Fahrt durch die Columbia River Gorge beschreiben.
Um die tosende Engstelle, die sich der Columbia River durch die Cascade Range gegraben hat, zu überbrücken, soll einst der »Große Geist« eine steinerne Brücke geschaffen haben. So

deuten zumindest die Indianer die »Bridge of the Gods«. Dann seien sich jedoch die beiden Gottessöhne Klickitat und Wyeast – in Gestalt von Mount Adams und Mount Hood weithin sichtbar – über eine schöne Frau in die Haare geraten. Sie beschimpften und bespuckten sich mit Feuer, die Erde begann zu beben, und die göttliche Brücke stürzte ein.

Diese Legende birgt wissenschaftlich gesehen einen wahren Kern. Um 800 n. Chr. war es tatsächlich bei einem Erdbeben zum Ausbruch des Mount Adams gekommen. Als Erde und ein gigantischer Felsen in den Fluss stürzten, bildete sich ein natürlicher Damm, der etwa hundert Jahre lang den Columbia River bis Idaho aufstaute. Als die Wassermassen das lockere Erdreich schließlich unterspült hatten, blieb eine natürliche Brücke zurück, die um 1500 einstürzte, als Mount Hood und Mount Adams gleichzeitig ausbrachen. Erst 1926 wurde eine neue »Bridge of the Gods«, diesmal in Stahl und von Menschenhand, konstruiert.

Lange Zeit konnte der Columbia River wegen seiner zahlreichen und heftigen Stromschnellen nicht mit Booten passiert werden. Inzwischen ist er gezähmt und wird von großen Wehren und Schleusen aufgestaut, beispielsweise nahe The Dalles, wo zudem das sehenswerte Columbia Gorge Discovery Center einlädt, oder bei Hood River. Dort lohnen die Kulisse mit den bunten Segeln von Windsurfern und Booten vor dem schneebedeckten Mount Hood, aber auch die Full Sail Brewing Company einen Stopp.

Land der Cowboys und Indianer im »Wilden Osten«

Meist denkt man beim pazifischen Nordwesten an Pazifikküste, an dichte Wälder, fruchtbare Täler oder an eine Vulkanlandschaft. Doch was liegt eigentlich hinter den »rauchenden« Bergen, im »Wilden Osten« des Nordwestens? Hat man erst einmal die schneebedeckten Vulkanberge hinter sich gelassen, fährt man zunächst durch unwirtliches Lavagebiet und dichte Wälder, um schließlich die Halbwüste auf dem sogenannten Columbia Plateau zu erreichen.

In den dichten Wäldern mit Fichten, Douglasien und Zedern tummeln sich mehr Wapiti- und Maultierhirsche, Kojoten, Füchse und Marder, Mur-

Die Berge der Cascade Range spiegeln sich im Sparks Lake im Deschutes National Forest in Oregon.

Bei den Powwows, den traditionellen Festen der Ureinwohner, sind Groß und Klein mit Begeisterung dabei.

meltiere und Stachelschweine als Menschen. Wer mehr über die Flora, Fauna und Geschichte Zentral- und Südost-Oregons wissen möchte, sollte am südlichen Stadtrand von Bend das High Desert Museum nicht versäumen. Der Ort selbst ist zentrales Versorgungszentrum und Basisstation für Outdoorfans, die die Berg-, Wüsten- und Waldregionen erkunden möchten.
Zu Beginn des 19. Jahrhunderts waren erstmals »Bleichgesichter« in Gestalt der von Präsident Jefferson initiierten Forschungsexpedition unter den Offizieren Lewis und Clark im »Wilden Osten« aufgetaucht. Ab der Jahrhundertmitte nahm der »Verkehr« auf dem hier verlaufenden Oregon Trail zu. Siedler zogen auf der Suche nach einer neuen Heimat in den Nordwesten und ließen sich nieder. Die Indianer verhielten sich zunächst weitgehend ruhig, obwohl es für sie zunehmend eng wurde und die ihnen 1855 zugesicherten Siedlungsareale mehr und mehr beschnitten wurden. Erst als 1863 das Reservatsland weiter verkleinert wurde, machte sich Unruhe breit. Speziell eine Gruppe von Nez-Perce-Indianern unter Chief Joseph hatte die Nase voll und versuchte sich in einer bis heute unvergessenen, wenn auch vergeblichen Flucht, 1877 nach Kanada abzusetzen. In den Museen der großen Reservate im Nordosten, der Yakama- und Colville-Indianer in Washington oder der Warm Springs und Confederated Tribes in Oregon, wird daran erinnert.
Im Grenzgebiet der Bundesstaaten Oregon und Washington fließen drei mächtige Ströme – Columbia, Snake und Yakima River – zusammen, und man wundert sich angesichts des Wasserreichtums, wie trocken und wüstenartig die Landschaft hier ist. Doch gerade wegen der Flüsse konnten in dieser Mondlandschaft die Kornkammer und das Obst- und Gemüsezentrum des Nordwestens entstehen. Künstliche Bewässerung heißt das Zauberwort in der Region am Zusammenfluss, wo die Tri-Cities (Pasco, Kennewick und Richland) das städtische Zentrum bilden. Nach Kalifornien ist diese Ecke des Staates Washington zum zweitgrößten Traubenproduzenten der USA mit insgesamt rund 5000 Hektar Anbaufläche aufgestiegen.
Südlich des Columbia River jedoch, um das Städtchen Pendleton zu Füßen der Blue Mountains herum sowie nordwestlich Spokane, der größten Stadt Ost-Washingtons, prägt bis heute die Rinderzucht die endlose Weite. Pendleton hat zudem drei Besonderheiten zu bieten: Erstens das Tamastslikt Cultural Institute, eines der sehenswertesten Indianermuseen im ganzen Westen, zweitens die Pendleton Wool Mills, die farbenprächtige Decken fertigen, und drittens das Pendleton Round-up.

Die Spuren des Ausbruchs von 1980 sind am Mount St. Helens noch heute zu sehen.

Golden State

»California is a state of mind« – »Kalifornien ist ein Stück Lebensanschauung«, sagt man. Auf alle Fälle handelt es sich um keinen gewöhnlichen Bundesstaat. In der Tat sehen die Kalifornier ihren Staat als eigenständig und in vielerlei Hinsicht als vom »Rest der Welt« verschieden an. Schließlich gibt es keinen zweiten Flecken auf der Erde, der eine derartige geografische und kulturelle Vielfalt aufweist wie ebendieser »Golden State«.

Zu den berühmtesten Wahrzeichen und meistfotografierten Punkten Amerikas gehört die Golden Gate Bridge, die die San Francisco Bay überspannt.

Vom Glacier Point aus bietet sich ein atemberaubender Blick auf den Yosemite National Park, einen der berühmten Naturparks des Westens.

Vom Griffith Observatorium hat man einen fantastischen Blick über Los Angeles.

Allein der Wind belebt die Gassen der zahlreichen Ghosttowns im Westen, so beispielsweise in Bodie im Osten Kaliforniens.

Welcome to the »Hotel California«

Mit ihrem Hit »Hotel California« hat die legendäre kalifornische Rockband Eagles 1976 das Lebensgefühl der Kalifornier auf den Punkt gebracht. Der »Golden State« zog und zieht die unterschiedlichsten Typen an, gilt als Ort der Selbstfindung, der alternativen Lebensformen, als Hort gesellschaftlicher Toleranz und als Spielplatz der Reichen und Schönen. Kalifornien ist ein Land der Kontraste: Fitnessfreaks und Junkies, Hippies und Yuppies, Freizügigkeit und Political Correctness, Therapiewahn und Schönheitschirurgie, Glamour und Slums, Umweltbewusstsein und Verschwendung existieren hier Tür an Tür. Der historische Ballast ist gering, man nimmt Neues unbedarft in Angriff, sei es im Weinbau oder in der Kochkunst, in der Kunst und Architektur oder im Arbeitsleben. Kreativität und unerschütterlicher Optimismus sind Züge, die die Kalifornier auszeichnen – und das trotz (oder wegen?) der ständigen Angst vor dem »Big one«, dem nächsten großen Erdbeben.

Viele politische, künstlerische und kulturelle Bewegungen nahmen im Goldenen Staat ihren Ausgang, und große Persönlichkeiten, wie die Künstler Richard Serra oder Ansel Adams, bedeutende Literaten wie John Steinbeck oder Amy Tan und Musiker wie die Beach Boys, Eagles oder Santana stammen aus dem Sonnenstaat. Nirgendwo sonst auf der Welt gibt es eine derartige architektonische Vielfalt: Vom spanischen Missionsstil und dem viktorianischen Zuckerbäckerstil San Franciscos über die Bungalows der Brüder Greene bis hin zur Moderne und Postmoderne mit »Luftschlössern« wie dem Getty-Cen-

Vom Alamo Square bietet sich einer der attraktivsten Blicke auf San Francisco.

ter von Richard Meier oder Gehrys Walt Disney Concert Hall in Los Angeles reicht das Spektrum.

Sonne, Strand und Meer, Yosemite, Hollywood und San Francisco – das sind einzelne Puzzleteile, die sich erst mit vielen anderen zum Ganzen zusammenfügen. Die klimatische Bandbreite reicht von hochalpin bis subtropisch – und die Landschaft ist noch vielseitiger im Golden State: Hitzeflimmernde, vegetationsfeindliche Wüsten und undurchdringliche Regenwälder, tief verschneite, bewaldete Hochgebirge und schroffe Canyonlandschaften, fruchtbare Ebenen und traumhafte Küsten, flache Strände und abenteuerliche Skipisten, qualmende Vulkane und eiskalte Seen.

San Francisco – »Belle of the Bay«

»San Francisco ist eine verrückte Stadt, bewohnt von Menschen, die größtenteils absolut irrsinnig und deren Frauen von bemerkenswerter Schönheit sind!«, so schwärmte schon um 1900 der englische Schriftsteller Rudyard Kipling nach einem Besuch in dieser Stadt.

In der Tat haben die San Franciscans den Ruf, ein bisschen skurril und ausgeflippt, ein wenig dekadent und zynisch, aber auch lebensfroh, aufgeschlossen und tolerant gegenüber den unterschiedlichsten Ethnien, Religionen und Gesellschaftsgruppen zu sein. Kein Wunder, dass kaum eine andere Stadt auf der Welt Besucher derart in ihren Bann zieht wie San Francisco – trotz latenter Erdbebengefahr und omnipräsenter Nebelschwaden. Sicher sind es auch nicht allein die Golden Gate Bridge, die Cable Cars und viktorianische Bilderbuchhäuser, die die »Belle of the Bay«, die Schöne an der Bucht, zu einem Unikum machen. Auch die Geografie ist ungewöhnlich: Aufgrund der Halbinsellage im Norden Kaliforniens zwischen Meer und Bucht wurde unkontrolliertes Wachstum im Keim erstickt. Die Stadt ist daher relativ leicht überschaubar und gut erkundbar. Von vielen der insgesamt 43 Hügel bieten sich spektakuläre Ausblicke, und die Devise lautet: »Go climb a street« – hügelauf und -ab, zu Fuß oder per Cable Car. Nur so lernt man die Stadt und ihre Bewohner kennen. San Francisco, »The City«, ist seit jeher ein Musterbeispiel für eine multikulturelle und bunte, vielgesichtige und schillernde Stadt: hier das Italienerviertel North Beach mit unzähligen Cafés, Restaurants, Bars und Clubs, unvermittelt daneben das wuselige Chinatown und im Süden, im Mission District, das »Barrio Mexicano« – die Enklave der Süd- und Mittelamerikaner. Haight Ashbury gilt als Geburtsstätte von Flower-Power und als Wohnort der Hippies der 1960er. Es ist heute noch das dynamische Stadtviertel der Künstler und Aussteiger, der Alternativen und Junggebliebenen. Im »Schwulenmekka« Castro zeichnet sich hingegen in den letzten Jahren ein Wandel ab: Mehr und mehr junge Familien ziehen zu.

Die Golden Gate Bridge, das Wahrzeichen.

Als neueres In-Viertel der Stadt gilt SoMa, das vormalige Industrie- und Hafenviertel südlich der Market Street (»South of Market«), das sich zum modischen Kneipen- und Kulturzentrum gemausert hat. Weniger bekannt sind noch Cow Hollow, wo um die Union Street Boutiquen, Shops und Cafés für Attraktivität sorgen, oder auch das Hayes Valley, die Region im Schatten des Rathauses. Die Areale um den zentralen Union Square (Shopping!) und um Fisherman's Wharf gelten hingegen als rund um die Uhr frequentierte Touristenzentren – und werden daher von Einheimischen eher gemieden.

Wie wär's mit einem Kaffee im Café Trieste ...

... oder lieber Käse und Salami von Molinaris Deli?

Paradies auf bebender Erde

»San Francisco kann einen ganz schön verrückt machen«, schrieb einmal der 1997 verstorbene, berühmte Kolumnist des San Francisco Chronicle, Herb Caen. Er fügte allerdings beschwichtigend hinzu: »Aber da es in fast jeder Straße eine gute Bar und an fast allen Ecken akzeptable Restaurants gibt, sind wir noch keine verlorene Zivilisation.« Caen verkörperte den Prototyp des San Franciscans: eigenwillig und ein bisschen »strange«, humorvoll und tolerant – ein Befürworter eines leicht dekadenten Lebenswandels und ein Liebhaber guten Essens und Weins.

Mit all seinen optischen, akustischen und kulinarischen Genüssen, seiner bunten Bevölkerung und seiner unglaublichen Vielfalt mag San Francisco einem Paradies gleichkommen, allerdings einem auf bebender Erde. Zuletzt erinnerte im Jahr 1989 eine Erschütterung die Menschen daran, dass man sich hier nie in Sicherheit wiegen darf. Doch gerade dieses »Leben am Abgrund«, das Harren auf »the big one« ist offensichtlich Teil des »way of life« geworden und wird mit Galgenhumor hingenommen. Und das schon seit 1906, als wenige Stunden nach der letzten großen Erdbebenkatastrophe mit anschließendem Großbrand jemand ein Piano auf eine Straße auf dem Russian Hill stellte und den »Danse Macabre« von Saint-Saëns spielte ...

»Flower-Power«

San Francisco war (und ist) die Stadt der sozialen und politischen »Movements«, der Gewerkschaften und Randgruppen, der Unangepassten und Aussteiger. Noch bevor die »Blumenkinder« ab den späten 1960ern die Welt optisch und verbal auf den Kopf stellten und im benachbarten Universitätsstädtchen Berkeley radikale politische Ideen formuliert wurden, hatten in den 1950ern Künstler und Literaten die Basis dafür gelegt. Vordenker wie Jack Kerouac und sein Kultroman »On the Road« (1957) sowie Allen Ginsberg oder L. Ferlinghetti begründeten damals die Beat-Generation.

»Der Beatnik brachte den Hippie hervor, dieser wiederum einen Lebensstil, der sämtliche Bereiche unseres Lebens anrührt – Mode, Drogen, Sexualität, Politik und Rassenfragen, ja, die amerikanische Identität im Ganzen«, so umschrieb Herbert Gold einmal die Wurzeln der »Blumenkinder«. Heimat der Hippies wurde das Stadtviertel Haight Ashbury. Die Flower-Power-Bewegung gipfelte 1967 im »summer of love«, der weltweit für Aufsehen sorgte. Seither gilt San Francisco als liberale und linke Stadt, in der sich niemand scheut, die Stimme zu erheben und gegen Krieg, Umweltverschmutzung oder kleinbürgerliche Verlogenheit einzutreten.

Die San Francisco Bay

Angesichts der Strahlkraft San Franciscos hat es die Tourismus-Industrie schwer, auch die jenseits der Bay gelegenen Städte Besuchern schmackhaft zu machen, deren Bevölkerungszahlen die von San Francisco deutlich übersteigen. Dabei ist ein Sprung über die Bay wärmstens zu empfehlen.

Genau genommen gliedert sich die Bucht von San Francisco in zwei Teile: die San Francisco Bay im Süden und die San Pablo Bay im Norden. Touristisch interessant sind die Metropolen Oakland, Berkeley mit der University of California, das Silicon Valley zwischen der Stanford University und San Jose im Süden San Franciscos sowie die Hausbootidylle Sausalito im Norden – alle leicht mit öffentlichen Nahverkehrsmitteln von San Francisco aus erreichbar. Für eine Erkundungstour rund um die Bucht, insbesondere für einen Abstecher in das im Norden liegende Wine Country und auf die Point Reyes Peninsula, ist jedoch ein Auto von Vorteil.

Edle Tropfen und kulinarische Genüsse

Kalifornien ist ein kulinarisches Schlaraffenland und San Francisco dessen Kapitale. Die kalifornische Küche besticht durch kreative Kombinationen, schonende Zubereitung, frische, lokal produzierte Zutaten. Längst bieten die Winzer aus Kalifornien mit ihren Spitzenprodukten sogar französischen Weinen Paroli. Es gibt zwar mehrere Anbaugebiete, die teils im fruchtbaren kalifornischen Längstal, teils an der Küste gelegen sind, doch vor allem die Weine aus der Gegend um Napa und Sonoma im Norden der San Francisco Bay stellen das Aushängeschild des kalifornischen Weinbaus dar.

Inzwischen gilt die Region nördlich von San Francisco, insbesondere das Sonoma County zwischen Point Reyes und Santa Rosa, nicht mehr nur als Natur- und Outdoor-Paradies, sondern zugleich als eine der wegweisenden Öko-Regionen der USA. San Franciscans kaufen längst nicht mehr ausschließlich auf ihrem herrlichen Ferry Plaza Farmers Market ein, sondern fahren am Wochenende auch

Tolerant und multiethnisch, politisch engagiert und etwas schrullig, so ist der Ruf der San Franciscans.

Der legendäre Highway 1 folgt der zerklüfteten Küste vielfach auf Tuchfühlung mit dem Pazifik.

hierher. Bäckereien, Feinkostläden, Bauernmärkte wie jener in Point Reyes Station, Käsereien, Rinder-, Austernzüchter und Fischer – sie alle spielen in den letzten Jahren eine zunehmend wichtige Rolle. Wer sich einmal auf einem der Bauernmärkte oder auch nur in einem der Bio-Supermärkte umgesehen hat, wird nie mehr von einer Fastfood-Tiefkühl-Kultur in den USA sprechen.

Im Reich der »stummen Riesen«

Während sich alljährlich Touristenströme in den Süden Kaliforniens und in die Naturparks der Sierra Nevada ergießen, wagen sich vergleichsweise wenige in die nördlich von San Francisco gelegenen, völlig andersartigen Gefilde. Nach Fort Ross, im Jahr 1712 von russischen Fellhändlern gegründet, folgt einer der abenteuerlichsten Streckenabschnitte und zugleich der krönende Abschluss des Highway 1, der ab Nordkalifornien als 101 durch Oregon nach Washington führt.

Als schmale, zweispurige Landstraße schlängelt sich der Highway in ungestümen Kurven und einem ständigen Auf und Ab durch die Landschaft, meistens dicht der Küstenkontur folgend.

Einmal in die hier noch dichten Redwoodwälder eingetaucht, möchte man beinahe den Einheimischen Glauben schenken, die felsenfest behaupten, hier würden Fabelwesen leben. Die Redwoods gelten als »Dinosaurier« unter den Bäumen, die, begünstigt durch das milde, neblig-feuchte Klima der Coast Range, ausschließlich in der Küstenregion Nordkaliforniens und Südoregons vorkommen. Der größte der Küstenmammutbäume, der *Sequoia sempervirens*, steht im Redwood Creek und ist gut 112 Meter hoch. Doch nicht nur die Höhe der »stummen Riesen« beeindruckt, sie können zudem buchstäblich steinalt werden – bis zu 2000 Jahre – wobei das Durchschnittsalter bei 500 bis 700 Jahren liegt. Diese Küsten-Redwoods sind

Kaliforniens edle Tropfen

»Klasse statt Masse« – Sortenwahl und Terroir traten in den letzten Jahren stärker in den Blickpunkt der kalifornischen Weinszene. Die Großen im Geschäft wie Gallo, Mondavi oder Fetzer geben zwar seit den 1960ern den Ton an, heimsen international Auszeichnungen ein, treiben aufwendige Werbekampagnen und unterhalten die attraktivsten Besucherzentren und Shops. Doch Kaliforniens aufstrebende Weinszene und deren Zukunft basiert besonders auf den kleineren Weingütern. Meist befinden sie sich in Familienhand, da hier vielfach noch Handarbeit angesagt ist, begutachten und bewirtschaften die Winzer ihre Weinberge noch selbst. Und diese Winemaker verlassen sich nicht auf Computerdaten und modernste Technik, um möglichst gleichförmige, Jahr für Jahr identisch schmeckende Weine zu produzieren, sondern setzen auf Können und Erfahrung und auf ein veränderliches Naturprodukt. Etwa 1200 Güter existieren derzeit im Golden State, doch gerade die »kleinen« Winzer wie Ric Forman, Jim Clendenen, Doug Nalle, Cathy Corison oder Philip Togni haben sich mit einer undogmatischen Kombination von Experimentierfreudigkeit, Innovations- und Improvisationsgeschick – bei allem Respekt vor europäischen Traditionen – einen Namen gemacht. Selbst im schillernden, von Megastars wie Opus One oder Mondavi geprägten Napa Valley verbergen sich noch kleine Weingüter, deren Tropfen das Herz eines jeden Weinliebhabers höher schlagen lassen.

Das Sonoma County gilt als Wiege des kalifornischen Weinbaus, denn hier hat der ungarische Graf Agoston Haraszthy 1857 das erste – noch heute existierende – Weingut, die Buena Vista Winery, gegründet. Neben Wein ist die Region auch bekannt für Käse, Obst und biologische Lebensmittel. Das benachbarte Napa Valley sieht sich als »World Famous Wine Growing Region«. Entlang dem viel befahrenen Highway 29 oder dem parallel östlich verlaufenden sogenannten Silverado Trail reihen sich mehr als 200 Weingüter aneinander, in denen einige der besten – und teuersten – Weine der Welt gekeltert werden.

Napa und Sonoma sind die beiden bekanntesten Weingebiete Kaliforniens. In letzter Zeit machen auch die Region südlich der Bucht von San Francisco sowie besonders die Central Coast zwischen San Luis Obsipo und Santa Barbara von sich reden. Daneben werden edle Tropfen im nördlichen Mendocino County, in den Sierra Foothills und südlich von San Diego ausgebaut. Die größten Mengen, überwiegend Massenware, fließen im Central Valley, wo in Modesto mit Gallo die größte Winery der Welt zu Hause ist.

schlanker und höher als ihre Verwandten am Westhang der Sierra Nevada, die sogenannten Giant Sequoias, *Sequoiadendron giganteum*.

Das etwas andere Kalifornien

Wieder komplett anders präsentiert sich der Nordosten des Staates: als bizarre Vulkanlandschaft mit geothermischen Seen und Quellen, Schlammlöchern und Fumarolen. In der als Shasta Cascade bekannten Region im Hinterland Nordkaliforniens wird man in die Frühzeit der Erdentwicklung zurückversetzt. Der Landstrich zwischen den Küstenbergen und der Cascade Range, die sich in Nord-Süd-Richtung von Oregon bis zur Sierra Nevada hin erstreckt, ist selbst für die meisten Kalifornier ein Buch mit sieben Siegeln.

Dabei ist dieses etwas andere Kalifornien ungeheuer vielseitig. Von Hochgebirgskulissen – wie Mount Shasta (4317 Meter) oder Trinity Alps – über hügelige, bewaldete Mittelgebirgsszenerien bis hin zu bizarren Vulkanlandschaften – zum Beispiel um den Lassen Peak (3187 Meter) – oder kargen Wüstenregionen, von Gletschern über warme Quellen und gigantische Wasserfälle bis hin zu riesigen Seenlandschaften – die Shasta Cascade Region ist voller Kontraste und kann zudem sieben National Forests und acht National beziehungsweise State Parks aufweisen.

Die Region um das städtische Zentrum Redding gilt als Paradies für Outdoorfans, für Wanderer, Biker, Reiter und Climber. Shasta Cascade umfasst fast 78 000 Quadratmeter, das sind mehr als ein Fünftel der Gesamtfläche Kaliforniens! Dennoch hält sich der Andrang in Grenzen, und es ist angesichts der Größe des Areals nötig, auszuwählen: Die Berg- und Seenregion um Trinity und Shasta Lake mit Weaverville und Whiskeytown im Westen von Redding, der Norden um Mount Shasta und der Südosten um den Lassen Peak sind Punkte, die man einplanen könnte.

Wälder prägen Kaliforniens Norden, besonders die »stummen Riesen« der Redwoods.

Goldrausch im Garten Eden

Wäre es nach dem Schweizer Pionier John August Sutter gegangen, wäre Sacramento noch heute ein verschlafenes Nest am Zusammenfluss von Sacramento und American River. Doch der Goldfund des Zimmermanns James W. Marshall im Flussbett des American River im Hinterland Sacramentos am 24. Januar 1848 sollte alles ändern. Der spektakuläre Fund auf dem Pachtland Sutters sprach sich schnell herum und initiierte einen unglaublichen Goldrausch. Glücksritter aus aller Welt machten sich im Jahr 1849 – daher werden sie auch »49ers« genannt – auf den Weg in das vormals idyllische Zentralkalifornien zwischen Sierra Nevada und den Bergen an der Pazifikküste.

Was sich den Horden von Goldsuchern in den Weg stellte, wurde niedergetrampelt. Doch ebenso schnell wie die Euphorie aufgekommen war, flaute sie wieder ab. Spuren des Goldrauschs erhielten sich in Gestalt von Geisterstädten wie Poker Flat, Rough and Ready, Bedbug oder Bodie – und diese einst wilden Abenteurercamps laden noch heute zum Schwelgen in vergangenen Zeiten ein. Sacramento selbst, mitten im Central Valley gelegen, profitierte von dem Goldrausch, wurde 1869 zum Endpunkt der ersten Überland-Eisenbahnstrecke und fungiert seit 1879 als Hauptstadt Kaliforniens mit mehreren überaus sehenswerten Museen.

Das erste Naturschutzgebiet der Welt

Die fast 650 Kilometer lange und bis zu 4400 Meter hohe Bergkette der Sierra Nevada stellt heute zwar nicht mehr jene unüberwindliche Barriere dar, die sie für Reisende im 19. Jahrhundert war. Aber dennoch ist der Eindruck überwältigend: schneebedeckte Berge, dichte Wälder, klare Bergseen, grüne Täler – eine Bilderbuchlandschaft, der der Fotograf Ansel Adams zu Beginn des 20. Jahrhunderts ein bleibendes Denkmal setzte. Auch wenn der berühmte Yosemite National Park zu den Hauptattraktionen Kaliforniens zählt – und entsprechend überlaufen ist – gehört die Sierra Nevada im Ganzen noch immer zu den wenig bekannten Juwelen im Golden State. Dass die Region unter Schutz gestellt wurde, ist US-Präsident Abraham Lincoln zu verdanken: 1864 hatte er den »Yosemite Grant« unterzeichnet, einen Vertrag, der Teile des Yosemite Valley zum ersten State Park und damit zum ersten geschützten Naturareal der Welt erklärte. Daraus wurde im Jahr 1890 dann ein Nationalpark.

Highway to Heaven

Nur in den USA kann ein scheinbar ganz gewöhnlicher Teerweg Kultcharakter bekommen. Wie die berühmte Route 66, auf der sich in den 1920/1930ern verarmte Farmer aus dem Mittleren Westen ins gelobte Land Kalifornien aufmachten, ist der Pacific Coast Highway, in Kalifornien State Highway 1, zum Mythos geworden. Zwischen 1922 und 1937 erbaut, haftet ihm noch heute das alte Flair des Reisens an, als man noch Zeit hatte, am Wegrand in einem einsamen Diner einen Burger zu essen und in der Gas Station, der Tankstelle, mit dem Besitzer die letzten Baseballergebnisse oder Wetterprognosen zu diskutieren. Streckenweise auf derselben Trasse bezie-

Der Mount Whitney in der Sierra Nevada ist mit 4418 Metern der höchste Berg der USA außerhalb Alaskas.

Zwei Ikonen: die wohl berühmtesten neun Buchstaben ... und die unvergessene Marilyn Monroe.

hungsweise in großen Teilen parallel zum Highway 1 verlief der legendäre Camino Real, der alte spanische Königsweg. Die Spanier hatten einen Indianerpfad mit tatkräftiger Unterstützung der Ureinwohner ausbauen lassen, um damit die spanischen Missionen entlang der Pazifikküste miteinander zu verbinden. Heute beginnt der Pacific Coast Highway zwar nördlich von San Diego, doch erst ab Malibu, nördlich von Los Angeles, hält die Route, was ihr legendärer Ruf verspricht. Dicht entlang der Küste schlängelt sie sich nordwärts, schraubt sich hoch in die Küstengebirge, um im nächsten Moment wieder steil auf Meereshöhe abzufallen. Sie passiert endlose Sandstrände und durchquert dichte, dunkle Wälder, führt durch interessante Kleinstädte und streift malerische Fischerdörfer.

Sightseeing auf ungewöhnliche Art: Cruising auf Hollywoods Sunset Boulevard. Er gilt als die bekannteste Straße der Stadt und führt von Downtown Los Angeles durch Hollywood und Beverly Hills bis nach Santa Monica.

Megalopolis und »Tingletown«

Der englische Schriftsteller Aldous Huxley, der den Großteil seines Lebens in Kalifornien verbrachte, meinte einmal, Los Angeles sei »keine Stadt, sondern hundert Vororte auf der Suche nach einer City!« In der Tat ist »Tingletown«, wie man L.A. häufig nennt, alles andere als eine gewöhnliche Stadt. Zwar markiert – sofern nicht gerade Smog den Himmel trübt – ein Häufchen Hochhäuser weithin sichtbar den Kern der 1781 von Spaniern gegründeten »Stadt der Engel«, doch breitet sich ringsum die Metropolis wie ein wuchernder Pilz aus. Siedlung um Siedlung wächst aneinander, inzwischen gehören über 90 Gemeinden – teils eigenständige Städte – mit etwa 13 Millionen Menschen zum Großraum Los Angeles. Wie Arme einer riesigen Krake räkeln sich vielspurige Autobahnen übers Land, scheinen sich unauflöslich ineinander zu verknoten und zugleich jeden zu verschlingen, der sich auf ihre Teerpisten wagt. Doch der Mutige, der den gordischen Knoten der Highways entwirren kann, wird der Megalopolis durchaus auch Reize abgewinnen können – selbst wenn diese endlos weit auseinander liegen.

Glitz und Glimmer in Hollywood

Hollywood steht synonym für Glitz und Glimmer, Showbiz und American Dream, Oscars und Filmstudios, Walk of Fame und Grauman's Chinese Theatre. Vom alten Glanz von »Tinseltown«, der »Lamettastadt«, in der Peepshows einen Boom einleiteten, der 1910 in der Gründung von ersten Studios gipfelte, ist heute allerdings kaum etwas übrig geblieben. Die Filmindustrie verteilt sich mittlerweile auf den gesamten Großraum, und die 1964 eröffneten Universal Studios, die weltgrößten Film- und TV-Studios, sind inzwischen zu einer Stadt in der Stadt, Universal City, angewachsen. Auch die Stars sind seither weggezogen, in die Westside, nach Bever-

Malerisch zwischen Wüste und Pazifik eingebettet: San Diego nennt sich nicht umsonst die »Perle am Pazifik«.

ly Hills – mit dem legendären Rodeo Drive, der exklusivsten und bestbewachten Einkaufsmeile der Welt –, nach Bel Air oder Malibu.

Eine riesige Leuchtschrift hoch über der Stadt, im Griffith Park, kündigt es großspurig an: »H-O-L-L-Y-W-O-O-D«, und ungeachtet aller Entwicklungen hat dieser Name kaum an Anziehungskraft verloren. 1923 hatte eine Immobilienfirma auf ungewöhnliche Weise versucht, Siedler anzulocken. Ein weithin sichtbarer, aus 16,50 Meter hohen Leuchtbuchstaben bestehender Schriftzug auf einem 460 Meter hohen Hügel über dem Beachwood Canyon sollte auf den Ort Hollywood und die dort zur Verfügung stehenden Grundstücke aufmerksam machen – was bekanntlich ein erfolgreicher Werbeschachzug war. Hauptanziehungspunkt Hollywoods ist der Hollywood Boulevard mit seinem legendären Walk of Fame. Seit 1958 haben sich auf über fünf Kilometern mehr als 2200 Stars auf den Terrazzoplatten in Gestalt eines von Messing umrahmten Marmorsterns mit Unterschrift verewigt. Einer Pilgerstätte gleich wird auch der Platz vor dem Grauman's Chinese Theatre, ein kurios anmutender bunter Bau mit Pagodendach und asiatischen Details, umlagert: Hier haben seit 1927 zahlreiche Hollywoodstars ihre Fuß- und Handabdrücke hinterlassen.

Fototermin mit Mickey Mouse

Der Golden State ohne Disneyland? Undenkbar! Seit mehr als einem halben Jahrhundert erwachen in dem Vergnügungspark in Anaheim, einer Stadt südöstlich von L.A., in einer Kunstwelt, für die Bauten aus aller Welt ebenso wie ferne Galaxien nachgebaut wurden, die Heldenfiguren der Kindheit zu neuem Leben. Hier schütteln Mickey Mouse, Goofy und all die anderen weltberühmten Figuren der Disneywelt den jährlich rund 10 Millionen Besuchern die Hand. Seit der Eröffnung am 17. Juli 1955 – lange vor Disney World in Florida – erfreut sich die Traumwelt Walt Disneys (1901–1966), sein »happiest place on earth«, ungebrochener Beliebtheit.

Ein zweiter Vergnügungspark in Anaheim erinnert weniger an Comic-Figuren als vielmehr an die Ursprünge der Region. Knott's Berry Farm mutierte von einem Obst- und Gemüse-Verkaufsstand zu einem »Wildwest-Budenzauber«. Dieses Unternehmen führt heute den Wandel vor Augen, den das sogenannte Orange County, in dem Anaheim liegt, durchlief. Aus ehemaligem Farmland mit Orangen- und Zitronenhainen ist ein riesiges Industrie- und Vergnügungszentrum geworden.

»To the beach!«

Über eine Strecke von mehr als 100 Kilometern reiht sich an dem vorgelagerten Küstenstreifen von Los Angeles Richtung San Diego ein Sandstrand an den anderen. Surfsound und Beachboys und -girls sorgen das ganze Jahr über, 24 Stunden täglich, für Ferienstimmung. Mit fröhlichem Hedonismus präsentieren die Schönen ihre sonnengebräunten, muskelstrotzenden Körper nach dem Motto: Was kümmert uns morgen, wenn heute die Sonne scheint?

Die bekannteste Küstengemeinden des Großraums L.A. sind Santa Monica, einst beliebte Heimat deutscher Emigranten wie Thomas und Heinrich Mann, Brecht, Döblin oder Feuchtwanger, und Venice. Ein reicher Kalifornier namens Abbot Kinney war zu Beginn des 20. Jahrhunderts derart von Venedig angetan gewesen, dass er die Lagunenstadt hier neu aufbauen ließ. Insgesamt rund 26 Kilometer lange Kanäle und unzählige Brücken wurden angelegt, Gondeln und Gondolieri engagiert. Dennoch blieb der erhoffte Immobilienboom aus, Kaliforniens Venedig geriet in Vergessenheit und wurde erst in den 1950ern von Künstlern und Aussteigern wiederentdeckt: »Not exactly Italy, but very California!«

Auf den ersten Blick glaubt man, die Strände wären einförmig und langweilig, doch es gibt durchaus Unterschiede. Marina del Rey, die »French Riviera«, die überaus beliebten Surf- und Promenierstrände in Hermosa und Manhattan Beach, Redondo Beach mit dem Latin American Art Museum, Ranchos Palos Verdes mit der vorgelagerten Trauminsel Catalina Island, Long Beach mit seinem Hafen und dem sehenswerten Aquarium of the Pacific oder Huntington Beach, das Mekka der Surfer – jeder Abschnitt hat seine Besonderheiten, und nur Sand, Himmel, Sonne und Meer bleiben gleich.

San Diego, Perle am Pazifik

Den Spaniern würden heute die Augen übergehen: Aus der trostlosen Missions- und Militärstation, die Mitte des 18. Jahrhunderts von ihnen angelegt worden war, ist die zweitgrößte Stadt Kaliforniens geworden. Das ganzjährig angenehme Klima, ein schier unerschöpfliches Freizeit- und Sportangebot, eine attraktive, überschaubare Innenstadt, das historische Erbe und die Nähe zu Mexiko ziehen jährlich mehr als 15 Millionen sonnenhungrige Besucher an.

Das vormals »staubige Nest« ist zu einer glitzernden, attraktiven Metropole geworden und darf zu Recht den Beinamen »Perle am Pazifik« tragen. 1769 war hier die erste von insgesamt 21 spanischen Missionen gegründet worden. Wegen der Nähe zu Mexiko gilt San Diego als Tor nach Mittelamerika und ist zudem der wichtigste Marinestützpunkt der USA am Pazifik. Zu den Hauptattraktionen gehört die fußgängerfreundliche Innenstadt, einerseits mexikanisch geprägt, andererseits aber mondän mit topmoderner Skyline vor tiefblauem Himmel.

Treffpunkt für Romantiker und Bummler ist Seaport Village, das restaurierte Hafenviertel, außerdem das historische Gaslamp Quarter, der alte Stadtkern aus dem späten 19. Jahrhundert – und Old Town mit seinen Bauten aus der spanischen Kolonialzeit und dem Bazaar del Mundo.

Der über der Stadt gelegene Balboa Park ist die grüne Lunge der Metropole und Standort vieler Museen sowie des weltberühmten San-Diego-Zoos. Und La Jolla schließlich gibt sich elitär und elegant-ausgeflippt: Hier leben die Reichen, Individualisten und Schönen.

Ein anstrengender Surf-Tag an Huntington Beach neigt sich dem Ende zu.

Land der Kontraste

Hitze, Sanddünen, Steinhaufen, endlose Weite und Einsamkeit – das ist die eine Seite des Hinterlandes zwischen den kalifornischen Metropolen an der Pazifikküste und Las Vegas. Doch die Natur im Grenzgebiet zwischen Kalifornien und Nevada präsentiert sich wesentlich abwechslungsreicher und hat auch schneebedeckte Berge, dichte Wälder und Baumriesen sowie tiefblaue Bergseen zu bieten.

Das Death Valley ist nicht nur der heißeste Punkt Nordamerikas, sondern auch der tiefste. Das unwirklich erscheinende Tal liegt über 85 Meter unter dem Meeresspiegel.

Las Vegas, eine Fata Morgana mitten in der Wüste Nevadas, ist bekannt für seine Kunstwelten: Hier der Wasserfall vor dem Mirage Hotel.

Kurze Rast vor einem riesigen Wandgemälde in Twentynine Palms in der Mojave Wüste.

CAT

Zwischenstopp in Reno, das sich selbst die »größte Kleinstadt der Welt« nennt.

Unterwegs zwischen Wüstensand und Tiefschnee

Der White Tank Rock Arch gehört zu den ungewöhnlichen Naturschauspielen im Joshua Tree National Park.

Don Quichotte, der »edle Ritter von der traurigen Gestalt« aus dem spanischen La Mancha, der für edle Burgjungfrauen sogar den Kampf gegen Windmühlen aufgenommen haben soll, würde heute vor den Toren von Palm Springs wohl vor Schreck vom Pferd fallen. Nicht eine, sondern Hunderte modernster Windmühlen drehen sich im heißen Wüstenwind östlich von Los Angeles und erzeugen so die lebensnotwendige Energie für die Wüstenoase Palm Springs.

Dort, wo Mojave- und Sonora-Wüste aufeinandertreffen, glaubt man einer Fata Morgana zu erliegen. Breitet sich da am hitzeflirrenden Horizont wirklich ein üppig grünes Tal aus, mit kühlem Wasser im Überfluss, reicher Vegetation und seltenen Tieren? In der Tat, beim Näherkommen wird die Fata Morgana Realität. Palm Springs und die Nachbargemeinden Palm Desert, Indian Wells – das Tennismekka – und Indio, nahe dem Salzsee im Coachella-Tal gelegen, sind keine Sinnestäuschung, sondern Realität. Dass ausgerechnet hier eine solche paradiesische Oase entstehen konnte, geht auf die Existenz von Mineralquellen zurück, die von den Ureinwohnern schon seit Jahrhunderten zu Heilzwecken genutzt wurden und die ab dem Jahr 1853 auch weiße Siedler zu schätzen lernten. Mit der Blüte der Filmindustrie in Hollywood entdeckten ab den späten 1930ern auch Filmstars den Ort als perfektes Rückzugsidyll auf der Flucht vor dem Trubel im nahen L.A. So erwuchs in den dreißiger Jahren aus dem kargen, von Kakteen bestandenen Wüstensand ein Erholungsrefugium für die Schönen und Reichen.

»Stille Beter« in der Wüste

Einen Steinwurf von der Oase Palm Springs entfernt hat die Wüste die Oberhand: Der Joshua Tree National Park liegt im Übergangsbereich zwischen Mojave- und Colorado-Wüste. Letztere ist Teil der weit bis nach Mexiko hineinreichenden Sonora-Wüste. Schließlich ist Wüste nicht gleich Wüste, und im amerikanischen Südwesten gibt es gleich vier davon: Chihuahua-, Sonora-, Mojave- und Great-Basin-Wüste. Während im Südosten Kaliforniens nur die beiden Obengenannten zu finden sind, verschmelzen im benachbarten Arizona alle vier miteinander.

Sind für Arizonas Wüstenlandschaften die Saguaros (Säulenkakteen) das Symbol, sind es hier in Kalifornien die Joshua Trees. Der Name dieser Pflanze und damit auch des Nationalparks nahe Palm Springs geht auf die Mormonen zurück. Beim Anblick der Pflanzen fühlten sie sich an den Gebetsgestus eines stillen Gottesverehrers in der Wüste erinnert und verwendeten deshalb nach dem biblischen Propheten Josua den Namen »Joshua Tree«.

Dabei handelt es sich gar nicht um einen Baum, sondern um einen Angehörigen der Familie der Agavengewächse, um *Yucca brevifolia*. Als immergrüne Pflanze ist der Joshua Tree mit messerscharfen Blättern an weit ausgreifenden Zweigen ausgestattet, wobei der Stamm – wie bei einem Kaktus – aus einem Faserskelett besteht. Perfekt an Hitze und Kälte angepasst, gedeihen die Pflanzen bevorzugt in Höhen von über 1000 Metern und sind weitgehend frostunempfindlich. Sie wachsen nur wenige Zentimeter im Jahr, können aber aufgrund ihrer langen Lebensdauer bis zu neun Meter hoch werden. Die höchsten Exemplare sollen um die zwölf Meter messen, die ältesten von ihnen über 900 Jahre alt sein. Unter günstigen Bedingungen blüht der Joshua Tree zwischen Februar und April.

Lebenswerte Wüstenlandschaft

Während die Westhälfte des Joshua Tree National Park zur höher gelegenen, feuchteren und kühleren Mojave-Wüste gehört, weist die Colorado-Wüste als »low desert« Höhenlagen von meist unter 600 Meter auf. Im Nationalpark angelegte Rundwege laden zu unterschiedlich langen, lehrreichen Spaziergängen durch die ungewöhnliche Vegetation mit Joshua Trees, Yuccas, Ocotillos und anderen Kakteenarten ein. Bizarre Lavasteingebilde und von Wind, Sand und Sonne geglättete Granitfelsen prägen die Kulisse. Schnell wird der aufmerksame Beobachter feststellen, dass »die Wüste lebt«: Kaninchen und Klapperschlan-

Zeigerpflanzen der Mojave-Wüste: Joshua Trees (links), Agavengewächse, und Chollas, eine Kakteenart.

gen, Taranteln und Echsen, seltene Vogelarten haben hier ihr Zuhause zu Hause, und in den höher gelegenen Wüstenregionen leben sogar Pumas und Bighorn-Schafe.

Eine Besonderheit der Wüste und zugleich ein eigenes Ökosystem stellen die Fächerpalmen-Oasen dar, von denen es in ganz Nordamerika 158, allein im Joshua Tree National Park fünf gibt. Diese Fächerpalmen (*Washingtonia filifera*) werden 80 oder 90 Jahre alt und sind mit über 20 Metern die höchsten ihrer Art. Die Ureinwohner aßen die Palmfrüchte und bauten aus den Blättern Hütten. Feuer kann den Bäumen kaum etwas anhaben, im Gegenteil, es schafft Luft und fördert das Wachstum und die Samenproduktion. So legten die Indianer sogar regelmäßig Feuer, um mehr Samen als Nahrung zu bekommen und pflanzten diese geschickt an Stellen, wo das Grundwasser erreichbar war.

Lebensspendendes Wasser

Das heiße, trockene Südwestklima fordert der gesamten Flora und Fauna eine besondere Fähigkeit ab: Anpassung. Es handelt sich nämlich um ein sehr niederschlagsarmes Gebiet, um trockene Wüstenbecken zwischen hohen Bergen und Hochplateaus. Nur wenig Feuchtigkeit gelangt vom Pazifik über die 4300 Meter hohe Sierra Nevada in den Südwesten, und so betet man, dass es regnet. Die Fähigkeit, Wasser zu finden, zu speichern beziehungsweise sich an ein Leben ohne Nass zu gewöhnen, ist daher überlebensnotwendig für Pflanzen und Tiere.

Anders als die Indianer, die jahrhundertelang im Einklang mit Natur und Klima zu leben versuchten, hat der moderne Mensch eine andere Lösung gefunden: Das kostbare und lebensspendende Nass wird gespeichert. So entstanden in den Wüstenregionen des Südwestens entlang den Wasseradern riesige Wasserreservoirs. Gerade der Colorado River, der in den Rocky Mountains entspringt und unendliche Wassermassen aus den Bergen mit sich führt, ist zur Lebensader des gesamten Südwestens geworden.

Der größte und bekannteste Stausee des Colorado River ist der Lake Mead, südöstlich von Las Vegas gelegen. Hinter dem Hoover Dam, der mit seinen 221 Metern Höhe und 379 Metern Kronenlänge zu den architektonischen Weltwundern zählt, staut sich der Fluss zu einem gigantischen See, der die Metropolen des Südwestens nicht nur mit Trinkwasser, sondern auch mit Strom versorgt.

Fata Morgana in der Wüste

Ringsum karge Wüste und unerbittlich herabbrennende Sonne – und dann plötzlich Palmen, Wiesen, kleine Seen, plätschernde Brunnen, Wasserfälle und angenehme Kühle. Ist da nicht der Eiffelturm, dort eine venezianische Gondel und da drüben die Skyline Manhattans zu sehen? Nein, der dürstende Wüstenreisende erliegt keiner neuen Fata Morgana, er hat lediglich Las Vegas erreicht, die scheinbar vom Mond gefallene, mitten in der Wüstenlandschaft Nevadas liegende Glitzerstadt.

Ob man diese Kunstwelt mit ihren Hollywoodkulissen, Shows und Achterbahnen, Spielhöllen und Megahotels mag oder nicht – eines ist sicher: Man muss sie gesehen haben! Denn wo sonst kann man an einem einzigen Tag von Venedig (Venice) in den Orient (Aladdin), vom Römischen Reich (Caesar's Palace) in den Zirkus (Cir-

Las Vegas' Kunstwelt: das Liberace Museum (links), Caesar's Palace (Mitte) und Luxor.

San Marco gibt's nicht nur in Venedig, sondern auch in Las Vegas. Der »Strip« verhindert eine Verwechslung.

cus-Circus), von Monte Carlo oder dem Comer See (Bellagio) nach Paris, von New York ins Hofbräuhaus oder von der Strandoase Mandalay Bay nach Hollywood (MGM Grand Hotel) eine Reise durch die Zeiten und ganz unterschiedliche Welten unternehmen?

Eigentlich wäre Las Vegas, 1855 als Fort entstanden, eine Stadt wie jede andere, eine typische US-Metropole mit knapp einer halben Million Einwohnern, hätte es da nicht jenes Gesetz von 1931 gegeben, mit dem das Glücksspiel im Bundesstaat Nevada legalisiert wurde. Damit änderte sich in der alten mexikanischen Stadt, deren Name ganz simpel »auf der Wiese« heißt, quasi über Nacht alles: Aus der Wüsten-Oase wurde eine einzigartige künstliche Traumstadt. 1941 eröffneten die ersten Casinos, doch so richtig los ging es erst in den 1950ern. Ein Markstein war 1966 die Eröffnung von Caesar's Palace, danach überschlugen sich die Entwicklungen.

Downtown Las Vegas mit der neonbeleuchteten Fremont Street wirkt mit den Straßenkünstlern und Souvenirshops, Restaurants und Casino-Hotels wie Golden Nugget, Fitzgeralds, Fremont oder Lady Luck heute gegenüber dem Strip fast schon bescheiden. Dort reihen sich die wirklich monströsen und ausgefallenen Casino-Hotels aneinander, ja, ganze Städte wurden hier rekonstruiert. Entertainment wird großgeschrieben, denn Spielhallen allein genügen Besuchern längst nicht mehr. Man widmete sich vermehrt der Zielgruppe Familie, und so entstanden Vergnügungsparks, Achterbahnen und Shopping-Promenaden. Shows locken Besucher an. Dazu kamen Gourmetrestaurants und spektakuläre Nightclubs sowie topmoderne Hotels, die höchsten Luxus, Spas und Wellness-Einrichtungen bieten.

Lebensabweisendes »Badwater« im legendären »Tal des Todes«, Teil des Death Valley National Park.

Im »Tal des Todes«

Rund 50 Grad Celsius im Schatten bei einer Luftfeuchtigkeit von weniger als sechs Prozent lässt den Schweiß auf der Haut sofort verdunsten. Wir befinden uns jedoch nicht in der Libyschen Wüste, der angeblich heißesten der Welt, sondern im legendären »Tal des Todes«. Die höchste Temperatur im Death Valley wurde im Juli 1913 gemessen: 57 Grad Celsius im Schatten! Minus 9 Grad verzeichnete man hingegen im Januar desselben Jahres.

Starke jahreszeitliche Unterschiede sind ein Charakteristikum dieser lebensabweisenden Region im Grenzgebiet zwischen Kalifornien und Nevada, nordwestlich Las Vegas, dazu kommen Niederschläge von nur etwa fünf Zentimetern jährlich.

Das Death Valley bildet den nördlichen Teil der nach einem Indianerstamm benannten Mojave-Wüste, die im Süden bis an die Tore von Los Angeles, San Diego und den Bundesstaat Arizona heranreicht. Von Dante's View, einem der schönsten Aussichtspunkte im Death Valley National Park, bietet sich ein fantastischer Ausblick auf das unwirtliche Tal. Eingerahmt von der Paramint-Bergkette erstrecken sich Salzebenen und Dünen, die von den Shoshone-Indianern nicht ohne Grund *Tomesha* (Feuergrund) genannt wurden.

Auch ein Blick vom Zabriskie Point in die ausgeglühte und zu verschiedenen Tageszeiten in den unterschiedlichsten Farben leuchtende Wüstenregion vermittelt ein Gefühl für die Einmaligkeit dieser Landschaft.

Heißester und tiefster Punkt der USA

Der heißeste und zugleich tiefste Punkt der USA, nämlich 85,34 Meter unter NN, befindet sich bei Badwater mitten im 13 000 Quadratkilometer großen Death Valley National Park. Die Entstehung dieses in Filmen gern als von Skeletten übersät gezeigten Tales reicht rund drei Millionen Jahre zurück. Ursprünglich befand sich hier ein großes Binnenmeer, das nach einem verheerenden Vulkanausbruch und dem dadurch verursachten Aufsteigen von Bergen austrocknete. So entstand eine ungewöhnliche Wüste mit großen Sanddünen und gewaltig geformten Felsen, mit Vulkankratern wie dem Ubehebe-Krater im Norden sowie mit Canyons. Nicht nur Geologen geraten angesichts von Erscheinungen wie Artists' Palette – ein durch unterschiedliche Mineralien kurios verfärbtes Gestein – ins Schwärmen. Es ist ein Land der Stille, bewachsen mit Mesquite-Sträuchern, Bartgras und Yucca und wird von zahlreichen Tieren wie Insekten, Reptilien, Vögeln, Fledermäusen, Hasen, Kojoten, Füchsen und sogar Berglöwen bevölkert.

Mitten in dieser unwirtlichen Wüstenlandschaft baute sich Walter Scott für zwei Millionen Dollar Anfang des 20. Jahrhunderts ein komfortables Wüstenschloss, das »Scott's Castle«. Nach verschiedenen Jobs hatte der gewiefte Geschäftsmann publik gemacht, im Death Valley eine Goldmine entdeckt zu haben und damit mehrere Finanziers zum Investieren in eine nicht existente Mine überredet. Zu ihnen gehörte auch der schwerreiche Albert M. Johnson, der Scotts Hauptsponsor wurde und neben dem Schloss auch andere verrückte Einfälle finanzierte, zum Beispiel einen Rekordversuch, bei dem Scott die Strecke zwischen L.A. und Chicago mit einem Spezialzug in sensationellen 45 Stunden zurücklegte.

Giganten in der Sierra Nevada

Gerade eben noch stand einem im Tal des Todes der Schweiß auf der Stirn, da beginnt man wenige Kilometer westlich zu frösteln: Vor den Augen liegt nun die monumentale, schneebedeckte Bergkette der Sierra Nevada um den Mount Whitney, der wiederum mit seinen 4418 Metern der höchste Berg der kontinentalen USA ist. Die Natur bietet ein Kontrastprogramm, das faszinierender und beeindruckender nicht sein könnte.

Die Sierra Nevada erstreckt sich über 640 Kilometer, ist zwischen 60 und 130 Kilometer breit und bis zu 4400 Meter hoch. Eine Reise vom Fuß der Sierra Nevada hinauf zu den schneebedeckten Gipfeln käme einer Durchquerung mehrerer Klimazonen, von der Wüste bis hin zur arktischen Tundra, gleich. 350 Höhenmeter entsprächen dabei etwa 480 Wegkilometern von Kalifornien nordwärts.

Lebensfeindlich auf den ersten Blick, aber dennoch faszinierend ist die Wüstenlandschaft im Death Valley.

Blühende Kakteen: links ein Beavertail Cactus, rechts ein Tree Cholla, beides Opuntienarten.

80 Prozent der Sierra Nevada sind bewaldet. Überwiegend handelt es sich um gemischte Nadelwälder mit Tannen und Kiefern sowie den eindrucksvollen Mammutbäumen (Sequoias). Speziell im südlichen Bereich der Sierra Nevada erstrecken sich in den sogenannten »Twin-Parks«, Kings Canyon und Sequoia National Park, ausgedehnte Sequoia-gigantea-Wälder.
Stundenlang geht die Fahrt durch diese Areale, vorbei an Baumgiganten wie dem berühmten General Grant Tree im Kings Canyon oder dem General Sherman Tree im südlichen Sequoia-Park. Dabei überragt der majestätische Mount Whitney wie ein Wächter die spektakuläre Waldlandschaft, die man eher in Kanada als im Sonnenstaat Kalifornien erwarten würde.

Das erste Naturschutzgebiet der Welt

Neben dem Yellowstone gilt der Yosemite als Inbegriff der amerikanischen Nationalparks. Er ist eine landschaftliche Perle, eine grandiose Berglandschaft und eine der meistbesuchten Attraktionen in den USA. Hier wurde die Naturschutz-Idee bereits 1864, also noch vor Einrichtung des Yellowstone National Park, geboren – und heute steht der Yosemite wieder im Mittelpunkt. Denn der Besucheransturm hat in den letzten Jahren derartige Ausmaße angenommen, dass Gefahr droht, dass der Naturzum Vergnügungspark mutiert. Nachdem 1996 vier Millionen Besucher den Park heimsuchten, wurde die Eintrittsgebühr erhöht, auch wurden obligatorische Vorausbuchungen und eine zeitweilige Schließung der Zugangstore bei zu starkem Andrang eingeführt. Es gibt immer wieder Überlegungen, den Park ganz für den Individualverkehr zu sperren – um sozusagen die Natur vor den Naturliebhabern zu schützen. Die Maßnahmen scheinen allmählich zu greifen, und die Besucherzahlen sanken auf etwa 3,3 Millionen pro Jahr.
Idealer Ausganspunkt für eine Erkundung des Nationalparks ist das Yosemite Village inmitten des gleichnamigen Tales. Hier gibt es Versorgungseinrichtungen aller Art und ein besuchenswertes Informationszentrum, ein sehenswertes Indianerdorf sowie ein kleines Museum über Geschichte und Geologie der Region. Von hier aus sind die Hauptsehenswürdigkeiten entweder zu Fuß, per Shuttlebus oder mit dem Pkw leicht erreichbar. In nächster Nachbarschaft zum Dorf ergießen sich Wasserfälle über insgesamt 740 Meter in die Tiefe – am bekanntesten sind die Lower und Upper Yosemite Falls. Vom grünen Yosemite Valley aus bietet sich ein fantastischer Blick auf die umgebende Bergwelt, zum Beispiel auf den etwa 1400 Meter hohen Half Dome im Osten oder den bei Kletterern heiß geliebten El Capitan im Westen. Eine Autostraße führt auf den 2200 Meter hohen Glacier Point, von dem aus die Aussicht über die Sierra Nevada grandios ist.
Durch den Yosemite National Park zieht sich in West-Ost-Richtung die traumhafte, wenn auch kurvige Tioga Pass Road (Hwy. 120). Sie führt über die mächtigen Berge und über die

Ein Leben für die Schönheit der Berge

Es ist die grandiose, unberührte Natur, die Besuchern des amerikanischen Westens den Atem verschlägt. Nicht viel anders erging es einem 14-jährigen Jungen, als er 1916 mit seiner Familie zum ersten Mal den Yosemite National Park besuchte. Jener Ansel Adams galt als Problemkind und Einzelgänger, bis er eine Kamera geschenkt bekam. Fortan sah Adams seine Lebensaufgabe darin, die Natur mit der Kamera unter einem neuen Blickwinkel zu erkunden.

Zwischenzeitlich verdiente er seinen Lebensunterhalt mit Klavierspielen, trat dann jedoch dem Natur- und Bergsteigerverein »Sierra Club« in San Francisco bei und verbrachte mit dessen Unterstützung die Sommer im Yosemite Valley, wo eine erste Fotoserie entstand. Bald konnte Adams vom Verkauf seiner Naturfotografien leben, und sein erstes Portfolio »Parmelian Prints of the High Sierras« erschien. Seine technische Meisterschaft und seine Kreativität waren plötzlich gefragt, er war als Berater für Polaroid und Hasselblad tätig, verfasste Ratgeber und erarbeitete eine spezielle Entwicklungstechnik.

Wer die Schwarzweißfotos von Adams sieht, spürt, dass dieser Eigenbrödler nicht nur ein ungewöhnlicher Fotograf und Künstler war, sondern zugleich ein großer Naturliebhaber. Adams verbrachte nicht nur Stunden im Labor, er fuhr auch wochenlang über das weite Land im Westen – auf der ständigen Suche nach neuen Motiven. Nebenbei engagierte er sich als Umwelt- und Naturschützer und Verfechter der Nationalpark-Idee.

Adams vertrat die Meinung, dass die großartigen Landschaften des amerikanischen Westens in ihrer ursprünglichen, vom Menschen unberührten Gestalt, erhalten und geschützt werden müssten. Dieses Anliegen offenbart sich auch bei der Betrachtung seiner Fotos: Menschen oder andere Lebewesen tauchen in den Landschaftsaufnahmen so gut wie nie auf. Seine unretuschierten, gestochen scharfen und kontrastreichen Fotografien strahlen eine beeindruckende Stille und Zeitlosigkeit aus, sind realistische Dokumente der Natur und mittlerweile längst Ikonen des Westens.

Das besondere Interesse von Ansel Adams galt lebenslang dem Yosemite Valley, wohin er 1937 gezogen war. Zu unvergänglichen Klassikern aufgestiegen sind seine Bilder vom Glacier Point und von dem sich bietenden Panorama mit dem Half Dome. Ab 1940 entstanden jedoch auch Aufnahmen von verschiedenen anderen Nationalparks der USA wie dem Yellowstone. Als Adams am 22. April 1984 in Monterey (Kalifornien) verstarb, hinterließ er über 40 000 Negative und 10 000 Drucke, hatte rund 500 Ausstellungen bestückt und zahlreiche Bücher verfasst.

Der Hinterlassenschaft des bedeutenden Naturliebhabers und -schützers wurde im Yosemite Park die Ansel Adams Gallery gewidmet, aber auch in vielen großen Museen weltweit sind seine Bilder zu bewundern.

Parkgrenze hinaus zur Ostseite der Sierra Nevada. Diese weniger überlaufene sogenannte »Eastern Sierra« steht im Windschatten der Bergkette und weist daher wesentlich geringere Niederschlagsmengen und ein milderes Klima auf. Zudem gehen die Ausläufer der Berge allmählich in das wüstenähnliche Great Basin über.

Entlang der Eastern Sierra verläuft mit dem Eastern Sierra Scenic Byway (Hwy. 395) eine weitere wenig befahrene malerische Route. Rund 400 Kilometer führt sie im Grenzland zwischen den Staaten Kalifornien und Nevada durch ständig wechselnde Landschaften: von den Vulkanbergen im Norden vorbei am malerischen Lake Tahoe zum Mono Lake und weiter südwärts im Windschatten der mächtigen Berge der Sierra Nevada in die Mojave-Wüste.

Ein »versteinerter Blumenkohl« und eine Geisterstadt

Mark Twain nannte den Mono Lake einmal spöttisch einen »versteinerten Blumenkohl«. Tatsächlich gleicht dieser See jenseits der Sierra Nevada, bei Lee Vining gelegen, einer gespenstisch anmutenden Mondlandschaft aus vulkanischen Hügeln und weißen, aus dem Wasser ragenden Tuff-Felsen. Kurioserweise verbindet dieser seltsame See zwei völlig unterschiedliche Landschaften: Am Westufer Sierra Nevada und Yosemite National Park, am Ostufer beginnt die Wüste.

Die Aufschüttungskegel im See sind durch kalziumhaltige Frischwasserquellen entstanden, die unter dem salzhaltigen Seewasser nach oben drücken und Kalkstein wachsen lassen. Unter normalen Bedingungen wäre an der Wasseroberfläche Schluss, doch hier ragen die Kegel weit aus dem Wasser heraus – ein einmaliges Naturschauspiel einerseits, andererseits aber auch Ausdruck einer bedrohlichen Situation. Sie entstand durch das vermehrte Abzapfen von Trinkwasser, das über riesige Aquädukte in die rund 500 Kilometer entfernte Metropole Los Angeles geleitet wird. Dass der so kräftig zur Ader gelassene See noch nicht umgekippt, also aus dem ökologischen Gleichgewicht geraten ist, ist den zahlreichen Gebirgsbächen zu verdanken, die in ihn hineinfließen. Die Hitze brütet, der Wind pfeift, irgendwo quietscht eine Tür in den Angeln. Trübe, gesprungene Fenster geben den Blick auf eingestaubtes Mobiliar und achtlos hingeworfene Kleidung frei, Gestrüpp überwuchert

Selbst Mark Twain schwärmte einst vom Lake Tahoe und nannte ihn »Lake in the Sky«.

verrostete Gerätschaften und Autos. Hat man nördlich des Mono Lake über eine Schotterpiste den Bodie State Historic Park erreicht, befindet man sich in einer anderen Welt. Bodie hat nichts mit den üblichen aufgeputzten, rekonstruierten Goldgräberstädtchen westlich der Sierra Nevada gemeinsam, sondern ist eine aufgelassene Geisterstadt, kaum verändert seit einem Brand 1932, der die Bewohner zur Flucht veranlasste.

1879, während der Blütezeit, zählte Bodie einmal rund 10 000 Einwohner, war berühmt-berüchtigt wegen des extrem rauen Klimas und der zwielichtigen Gestalten, die hier lebten und nach harter Arbeit in den benachbarten Silberminen einen der angeblich 65 (!) Saloons aufsuchten. Nach dem Feuer verfiel der abseits gelegene Ort zusehends. Erst im Jahr 1962 wurde eine Art Revival initiiert. Ausgewiesen als »State Historic Park« und von den »Friends of Bodie« unterstützt, ist der Ort heute eine authentische Attraktion.

»Lake in the Sky«

Niemand, der nach endlos scheinender Fahrt durch die Berge und Wälder der Sierra Nevada plötzlich den tiefblau schimmernden Lake Tahoe erblickte, konnte sich seines Reizes entziehen. So erging es schon dem Forschungsreisenden John C. Fremont, der 1844 als erster Weißer den See besuchte, und auch Mark Twain schwärmte überschwänglich vom »Lake in the Sky«, dem »himmlischen See«.

Mit rund 115 Kilometern Uferlinie gilt der Lake Tahoe als größter alpiner See des nordamerikanischen Kontinents.

Pelikane (oben) und ein Ausflugsdampfer auf dem Lake Tahoe (unten).

Immerhin liegt er rund 1900 Meter hoch und ist im Durchschnitt 300, an manchen Stellen sogar bis zu 500 Meter tief. Man hat einmal ausgerechnet, dass seine Wassermassen den gesamten Bundesstaat Kalifornien fast 40 Zentimeter hoch überfluten könnten. Zu zwei Dritteln in Kalifornien, zu einem Drittel auf der Ostseite, als Teil von Nevada, liegt der See inmitten einer von dichtem Nadelwald geprägten Berglandschaft.
Während einer Fahrt auf der Uferstraße (Hwy. 28, 50 und 89), die sich in unterschiedlicher Höhe etwa auf 120 Kilometern um den See schlängelt, lässt sich der »Lake in the Sky« in vollen Zügen genießen. Unvergleichlich ist auch der Tahoe Rim Trail, der seit 2001 auf insgesamt rund 240 Kilometern Länge den See weiträumig umschließt. Es handelt sich um einen Pfad für Reiter, Wanderer und in großen Teilen auch für Radler. Teilweise hoch über dem See durchquert man Wälder und Wiesen und kommt immer wieder in den Genuss atemberaubender Ausblicke auf See, Sierra Nevada und das im fernen Osten in der Hitze flimmernde Great Basin.
Doch das Idyll hat – wie der Yosemite National Park – auch eine Kehrseite: Der »himmlische See« erfreut sich, seit er Anfang des 20. Jahrhunderts als Ferienort entdeckt wurde, ungebrochener Beliebtheit als Erholungsziel der Städter aus Sacramento und der San Francisco Bay. Inzwischen befindet sich ein Großteil der Uferfläche in den Händen finanzkräftiger Ferienhausbesitzer. Da das Hinterland zudem Teil eines der größten Skigebiete des Westens ist, gibt es hier so gut wie keine Nebensaison. Den Bewohnern und der Natur bleibt kaum mehr Zeit zum Verschnaufen. Bereits in den 1890ern hatte man das Potenzial des Wintertourismus in diesem Teil der Sierra Nevada erkannt – und die 1960 im hier gelegenen Squaw Valley veranstalteten Olympischen Winterspiele forcierten die Entstehung von mittlerweile sieben großen Skiarealen und insgesamt knapp 100 Liften.

»Bonanza« – Heimat der Cartwrights

Welcher Westernfan kennt sie nicht – die Cartwrights, Vater Bill (Lorne Greene) und seine drei Söhne Adam (Pernell Roberts), Hoss (Dan Blocker) und Little Joe (Michael Landon)? Zwischen 1959 und 1972 wurden über 430 Folgen der Serie »Bonanza« ausgestrahlt und sie erreichte weltweit Kultcharakter. Lange Jahre konnte man am Lake Tahoe, mitten in der Sierra Nevada, den Set der Serie in einem kleinen Vergnügungspark sehen, seit seiner Schließung bietet sich Fans nun als kleiner Trost ein Besuch im Hinterland an, in »Nevada's Historic Capital« Carson City.
Hier in Carson City und im nahen Virginia City scheinen die Uhren tatsächlich stehen geblieben zu sein. Auf Schritt und Tritt fühlt man sich an jene legendären Zeiten erinnert, als der Trapper und Scout Christopher »Kit« Carson im hiesigen Saloon ein und aus ging. Dieser wurde ebenso wie viele

Reno gilt als Las Vegas' »kleine Schwester« und nennt sich stolz »größte Kleinstadt der Welt«.

Casinos und die ihnen angeschlossenen Hotels prägen Reno, das Gambling Mekka des kleinen Mannes.

andere Bauten in der Innenstadt westlich des State Capitols restauriert. Das Stadtbild spiegelt den Zustand in den 1860ern wider, und es erstaunt nicht, dass selbst Hollywood den Ort gern als Westernkulisse nutzt.

Noch authentischer erlebt man den »Wilden Westen« im nordöstlich gelegenen Nest Virginia City. Hier verlief einst die legendäre Comstock Lode, eine der ertragreichsten Silber- und Goldadern des Westens. Nachdem es hier im späten 19. Jahrhundert nichts mehr zu holen gab, versank der rasch aufgeblühte Ort in einen Dornröschenschlaf. Allerdings blieb ihm das Schicksal anderer Boomtowns des »Wilden Westens« – wie Bodie – erspart, im Gegenteil: Virginia City mauserte sich zur Touristenattraktion.

Die größte Kleinstadt der Welt

Nicht zu Unrecht nennt sich Reno die »größte Kleinstadt der Welt«. Einerseits erinnern im Zentrum Glitz und Glamour an Las Vegas, wenn auch in einer Miniaturfassung, andererseits strahlt das circa 180 000 Einwohner zählende Städtchen am Ostabhang der Sierra Nevada unverkennbar das Flair eines Provinznestes in den Weiten des Westens aus. Auch die Anfänge Renos gestalteten sich wenig spektakulär: 1859 war neben der Brücke über den Truckee River ein Nest namens »Lake's Crossing« entstanden. Zwar strömten bald Abenteurer auf der Suche nach Gold und Glück ins Land, doch nur wenige blieben hängen. Erst als 1931 in Nevada das Glücksspiel legalisiert wurde, machten sich Aufschwung und Wohlstand breit, und Reno erwarb sich schnell den Ruf als kostengünstigere, überschaubare Alternative zu Las Vegas, als das »Vegas des kleinen Mannes«.

Das Symbol der Stadt, der Reno Arch – 1926 anlässlich der Fertigstellung des Lincoln Highway, der ersten durchgehenden Überlandstraße zwischen Ost- und Westküste, errichtet – markiert mit seinen 1600 Glühbirnen den Zugang zur Downtown Casino Row an der Virginia Street. An ihr und im Umkreis reihen sich Casinos und Hotels aneinander. Sie prägen zwar die Skyline der Stadt, können allerdings mit den aufwendigen Superkomplexen in Las Vegas kaum konkurrieren.

Indian Country

Grandiose Landschaften und die Welt der Indianer sind die Hauptattraktionen im »Indian Country«, jenem Landstrich im Südwesten, wo die vier US-Bundesstaaten Arizona, Utah, Colorado und New Mexico aneinandergrenzen. Diese »Four Corners Region« ist ein Land der Canyons, der Mesas und des endlosen Horizonts. Seine schroffen Landschaftsformationen kennt jeder von Filmkulissen berühmter Westernfilme her.

Der Himmel ist endlos, die Wüste scheinbar menschenleer und die Saguaros, die übermannsgroßen Säulenkakteen, wirken wie einsame Wächter.

Wie von einer Maschine geschaffen wirkt der Wave Sandstone nahe der Coyote Buttes im Bundesstaat Arizona.

Selbst im von Wüsten geprägten Südwesten gibt es Wasser und grüne Oasen wie die Emerald Pools im Zion Canyon in Utah.

Eine Landschaft wie aus dem Western: das Monument Valley, Teil von Navajoland, dem größten Indianerreservat der USA.

Land der Felsen, Schluchten und Geschichten

Die Wüstenregion auf dem Colorado Plateau, im Süden Utahs und Colorados sowie im Norden Arizonas und New Mexicos gelegen – das Herz des Südwestens – lässt sich kaum in Worte fassen: glatt polierte Felsen, grünlich-graue Macchia, sattgrüne Kiefern- und Wacholderwälder, bizarr geformte Monolithe, Felsbögen, Hoodoos (Felsnadeln aus Kalkstein), tiefe Schluchten mit rauschenden Wildbächen, Mesas und karstige Bergketten ...

Das Monument Valley und der Grand Canyon sind die Aushängeschilder des Areals, doch gibt es hier die zugleich größte Ansammlung an Nationalparks: Arches, Bryce Canyon, Canyonlands, Capitol Reef, Grand Canyon oder Zion National Park, außerdem das Canyon de Chelly National Monument, der Chaco Canyon National Historical Park und der Monument Valley Navajo Tribal Park. Viele Menschen lebten und leben hier nicht. Die wenigen Ortschaften liegen oft meilenweit auseinander und sind nicht wirklich attraktiv. Den höchsten Bevölkerungsanteil stellen bis heute die Indianer und rechtfertigen allein dadurch den Namen »Indian Country«. Zu den weißen Siedlern, die hier eine neue Heimat fanden, gehören die Mormonen. Ihre Vorfahren, die in der Weite des Canyonlandes siedelten und Salt Lake City gründeten, haben extreme Bedingungen in Kauf genommen, um das Land urbar zu machen. »Dieses Land und seine Menschen

Das grandiose Monument Valley – kommt da nicht John Wayne um die Ecke geritten?

sind prall gefüllt mit Geschichten, mit traurigen, spannenden, aber auch lustigen«, meint Tony Hillerman, der weltberühmte Autor aus Albuquerque, New Mexico. Wie kein anderer lässt er in seinen Kriminalromanen mit den indianischen Hauptfiguren Joe Leaphorn und Jim Chee die Legenden und Mythen des Südwestens der USA aufleben und erweist sich als intimer Kenner indianischer Riten, ihrer Bräuche und der Lebensweise. »Manchmal lasse ich mich einfach nur treiben, streune auf dem Colorado Plateau herum, fühle die Landschaft und nehme ihre Gerüche auf«, erzählt Hillerman, »und plötzlich ist da eine Felshöhle: Könnte da nicht jemand vor einem plötzlichen Regenguss Unterschlupf suchen und plötzlich etwas Aufregendes finden?« Das Indian Country ist prall gefüllt mit Geschichten und Legenden – man muss nur Augen und Ohren offen halten ...

Willkommen im Indianerland!

Über 200 000 Navajo-Indianer oder »Diné« leben noch heute im »Indian Country« und sehen sich als größte und wichtigste Gruppe der nordamerikanischen Indianer, als Nation in der Nation. Das heutige Reservatsgebiet beträgt knapp 70 000 Quadratkilometer in der Four Corners Region, doch leben in dieser Ecke des Südwestens etliche weitere indianische Völker, beispielsweise mitten im Navajoland auf schwer zugänglichen Tafelbergen oder »Mesas« die Hopi. In New Mexico sind dagegen in jahrhundertealten Dörfern noch zahlreiche Pueblo-Indianer zu Hause, und im nördlichen

Über 200 000 Navajo-Indianer leben heute im »Indian Country«.

Teil des Indian Country leben sowohl Ute und Paiute als auch eine Gruppe der legendären Apachen, die Jicarilla. Im Nordwesten von New Mexico, zwischen Albuquerque, Sante Fe und Taos befinden sich noch 19 alte Siedlungen der Pueblo-Indianer. Die Spanier hatten diese Ureinwohner nach ihren Behausungen – meist quadratische, eng zusammengebaute, verschachtelte Lehmhäuser – »Pueblos« genannt. Obwohl diese lange vor den Spaniern das Land besiedelt und urbar gemacht hatten, ist auch das hispanische Element in der Region unverkennbar: Plazas, katholische Kirchen, mexikanische Küche, Adobe-Baustil und weitere Besonderheiten erinnern an Spanier und Mexikaner. Hinter diesen Fassaden haben die Pueblo-Indianer jedoch ihre Tradition und Kultur beharrlich gegen weiße Eindringlinge behauptet.

Trotz sprachlicher Unterschiede und der Eigenständigkeit der Siedlungen herrscht sozial und kulturell eine starke Ähnlichkeit, die sich in der Kunst, der Architektur, in religiösen Vorstellungen und Bräuchen, sozialen Einrichtungen sowie in der Weltanschauung offenbart. Die Pueblo-Indianer betrachten sich allesamt als verwandt, als Teil einer großen Familie. Der Sinn für Bodenständigkeit, die tiefe Verwurzelung in Traditionen, die Bedeutung der Gemeinschaft und der Familie sowie die Verbundenheit mit der Schöpfung zeichnen diese Gesellschaft noch heute aus.

Im Indian Pueblo Cultural Center in Albuquerque, der größten Stadt New Mexicos, erfährt man alles über die Welt der Pueblo-Indianer, auch, welche Dörfer man als Tourist besuchen

Blick in die Tiefe des Grand Canyon vom Toroweap Point.

kann, unter welchen Bedingungen und wann. Denn gerade ihre Einzigartigkeit, aber auch ihre Töpferkunst, haben sich inzwischen herumgesprochen. Als Wegbereiterinnen der modernen Pueblo-Töpferkunst gelten Maria Martinez aus dem San Ildefonso Pueblo und Nampeyo, eine Hopi-Indianerin. Sie studierten die auf jahrhundertelanger Tradition basierende Töpferkunst ihrer Vorfahren und bereicherten dieses Erbe um ihre eigene Kreativität. Besonders die metallisch-schwarz glänzenden Gefäße von Maria und Julian Martinez lösten einen wahren Boom aus und sorgten dafür, dass heute ganze Familien im Töpfer-Business tätig sind und ihre Produkte in den Pueblos, auf Kunstmärkten oder in Kunstgalerien New Mexicos anbieten. Indianische Keramik ist auf dem internationalen Kunstmarkt begehrt und wird mittlerweile in vielen Museen ausgestellt.

Ein Naturschauspiel, das sprachlos macht

Was wäre eine Reise in den Südwesten ohne den Grand Canyon? Steht man am Rande dieser grandiosen Schlucht, hält man zuerst einmal den Atem an: Welch kleiner Wurm ist der Mensch doch angesichts solch grandioser Landschaft! Das Ungewöhnliche ist dabei, dass man nicht zu einer monumentalen Berglandschaft aufblickt, sondern umgekehrt: Man schaut von oben, auf einer Ebene stehend, hinunter in die etwa gut eineinhalb Kilometer tiefe Schlucht.

Es war ein ungewöhnlicher Mann, der das Naturwunder ins gebührende Rampenlicht rückte: John Wesley Powell (1834–1902), ein naturbegeisterter Geologie-Professor, ließ sich trotz des Verlustes seines linken Arms im Bürgerkrieg nicht von naturkundlichen Expeditionen abhalten. 1869 und 1871 erkundete er den Colorado River und den Grand Canyon. Auf der zweiten Reise war mit John A. Hillers auch ein Fotograf dabei, der das Naturwunder erstmals bildlich dokumentierte. Diese Fotos bewirkten, dass etliche Bereiche des Südwestens anschließend unter Naturschutz gestellt wurden.

Powell und seine Männer erlebten auf ihren Booten noch einen ungezähmten Colorado River, heute ist der Fluss

Der Lake Powell ist nach Lake Mead der zweitgrößte Stausee der USA.

Egal, wo man steht, der Blick auf den Grand Canyon ist überall beeindruckend.

hingegen durch zwei große Stauseen gebändigt: Flussaufwärts, bei Page (Arizona), liegt der Lake Powell, durch den Glen Canyon Dam aufgestaut, und flussabwärts sorgte der Hoover Dam südlich von Las Vegas (Nevada) für die Entstehung des Lake Mead. Und dennoch ist das Naturerlebnis immer noch atemberaubend: Wie ein aufgeschlagenes Buch der Erdgeschichte dokumentiert die klar erkennbare Schichtenfolge in der Canyonwand verschiedenste Erdzeitalter und Naturkatastrophen. Sie reicht rund 1600 Meter tief hinab bis zum Colorado River, der sich im Laufe der Zeit immer tiefer in die Hochebene hineingefressen hat.

Die meisten Besucher nähern sich dem Grand Canyon, heute als Nationalpark weiträumig unter Schutz gestellt, von Süden her, aus Flagstaff kommend. Wählt man diesen Weg über das Coconino Plateau mit seinen Goldkiefern-Wäldern, flankiert von den San Francisco Mountains, gibt es kaum Vorzeichen auf das bevorstehende Naturschauspiel. Quasi aus dem Nichts taucht plötzlich der Abgrund auf. Einen ersten intensiven Eindruck erhält man vom viel frequentierten Mather Point am South Rim. Westlich davon liegt das Grand Canyon Village, das seit 1901 und dem Bau einer Eisenbahnlinie als touristisches Zentrum dient.

Zweifellos ist die Wanderung oder der Ritt hinab in den Canyon ein unvergessliches Erlebnis. Seit kürzlich die Hualapai-Indianer auf ihrem Reservat jedoch den (viel diskutierten) Grand Canyon Skywalk eröffnet haben, wurde das Naturschauspiel um eine weitere Attraktion bereichert. Hat man erst die etwa 25 Kilometer lange Schotterpiste nach Grand Canyon West hinter sich gebracht, kann man sich auf den 20 Meter in den Canyon hineinragenden »Balkon« mit seinem rund zehn Zentimeter dicken Glasboden wagen und scheinbar schwebend auf den dahinbrausenden Colorado River hinabblicken – sofern man schwindelfrei ist.

Im Land der Canyons und Mormonen

»Canyonlands« wird die Wüstenregion auf dem Colorado Plateau im Süden Utahs und im Norden Arizonas bezeichnet. Riefen schon der Grand Canyon und das benachbarte Monument Valley Erstaunen hervor, stehen

Tony Hillerman – Geschichtenerzähler aus dem Südwesten

Tony Hillerman, weltberühmter Krimi-Autor aus Albuquerque, versteht es wie kein anderer, die Legenden und Landschaften des Südwestens der USA lebendig werden zu lassen. Der Geschichtenerzähler, Sachbuch- und Krimi-Bestseller-Autor, steht mit einem Bein im alten »Wilden Westen«, mit dem anderen im Westen der Moderne. Das spiegelt sich in seinen Krimis wider, die nichts mit Sex and Crime zu tun haben, sondern einen tiefen Einblick in Wesen und Welt des Westens und der Indianer, in ihre Traditionen und Vorstellungen, aber auch ihren geistigen Überlebenskampf gegen die moderne Welt geben.

Anthony Grove Hillerman, am 27. Mai 1925 in Sacred Heart, Oklahoma, geboren und in einer Indianerschule erzogen, arbeitete nach seinem Militärdienst zunächst als Journalist und Unidozent, ehe er ab 1970 mit seinen Indianer-Krimis für Furore sorgte. Seine beiden Krimihelden, die Navajopolizisten Joe Leaphorn und Jim Chee, lösen seither ihre Fälle im Navajoland, der Four-Corners-Region im Grenzgebiet der Bundesstaaten New Mexico, Arizona, Utah und Colorado.

Hillermans Krimis zeugen von seinem tief verwurzelten Gefühl für Orte und Menschen. Wie kein anderer kennt er seine Aktionsräume, studiert die lokale Geschichte und lauscht den Geschichten. Allein seine faszinierende Landschaftsbeschreibung zieht Leser in den Bann, dazu haben sein Verständnis für die Probleme der Ureinwohner und seine intime Kenntnis ihrer Geisteswelt ihn zum »Navajo-Nationalschriftsteller« schlechthin gemacht. Hillerman gilt als ausgewiesener Fachmann für die Geschichte und die Traditionen der Indianer, und die Navajos haben den Weißen inzwischen sogar zum Ehrenmitglied ihres Stammes erklärt. Nach über 35 Jahren sind die Protagonisten – wie der Autor und die Leser – gealtert. Joe Leaphorn ist Witwer und in Rente. Jim Chee, tief verwurzelt in der traditionellen Welt der Navajos, hat nach anfänglich unüberwindbar erscheinenden Hürden mehr oder weniger seinen Platz in der modernen Welt gefunden – und gleichzeitig mit der Navajo Bernie Manuelito eine selbstbewusste, aber traditionell denkende Partnerin an die Seite gestellt bekommen.

Längst hat Hillerman Nachahmer gefunden, die ähnlich packende Geschichten mit indianischem Hintergrund schreiben – wie beispielweise James Doss, der Charlie Moon, einem eher nüchternen Ute-Indianer-Detektiv, seine Tante Daisy Perika, eine Ute-Schamanin, zur Seite stellt. Auch seine Krimis spielen im Südwesten, im Ute-Reservat südlich von Durango.

Horseshoe Bend: Hufeisenförmig windet sich der Colorado River bei Page/Arizona durch das Canyonland.

die ungewöhnlichen, bizarren Felsformationen – Felsbögen, Hoodoos, Wackelsteine, Finnen, tiefe Schluchten, Mesas oder karstige Bergketten – dem kaum nach.

Bis heute setzen sich die wenigen Siedler in der Region aus Mitgliedern der Church of Jesus Christ of Latter-day Saints, der Mormonen, zusammen. Ihre Vorfahren nahmen extreme Bedingungen in Kauf, als sie sich in diesem unwirtlichen Land niederließen und sogar eine Stadt namens Salt Lake City gründeten. 1847 hatte der Mormonenführer Brigham Young den ersten Siedlern erklärt: »This is the Place!«, und die Gläubigen dürften nach kräfteraubendem, weitem Weg von Osten über die Berge froh gewesen sein, endlich den gesuchten Ort der Toleranz, mit Möglichkeit zur freien Religionsausübung gefunden zu haben. Man gründete die Stadt und rief 1849 den »State of Deseret« (Bienenstaat) – das heutige Utah (*1896) – aus und begann sich Canyons und Wüste untertan zu machen.

Von fern glitzert die heute beachtliche Stadt mit dem riesigen Mormon Temple und anderen kirchlichen Repräsentativbauten wie eine Oase in der hitzeflimmernden Luft des Hochplateaus. Während sich im Osten die schneebedeckten Berge der Wasatch Mountains auftürmen – hier fanden die Olympischen Winterspiele 2002 statt –, prägt der riesige Salt Lake den Norden der Stadt. Der See gehört zu den geografischen Besonderheiten des Westens. Allein wegen seines enorm hohen Salzgehalts, der nur vom Toten Meer überboten wird, ist er ein Kuriosum. Die Größe der Wasserfläche, es sind rund 4400 Quadratkilometer, variiert je nach Menge des zufließenden Wassers und Grad der Verdunstung, und das zieht wiederum Beeinträchtigungen für die umliegende Infrastruktur und Probleme mit der Bewässerung nach sich. Wegen der enormen Sonneneinstrahlung schmolz der See allein durch Verdunstung auf heute 117 Kilometer Länge zusammen. Er gilt dennoch als größte Seefläche westlich des Mississippi, allerdings mit einer Wassertiefe von nur sechs bis zehn Metern.

Das Land der Canyons war stets ein Eldorado für Banditen, Viehdiebe und andere zwielichtige Gestalten. Das unvorstellbare Labyrinth von Schluchten und Felsen machte das Areal für dubiose Typen wie den legendären Banditen Butch Cassidy (1866–1908) zum idealen Versteck. Diese werden wohl kaum ein Auge für die grandiose

Der so genannte Delicate Arch im Arches National Park nahe Moab/Utah ist ein berühmter Fotospot.

Landschaft gehabt haben, deren Naturwunder hier aufzulisten den Rahmen sprengen würde. State und National Parks in Hülle und Fülle bieten Natur- und Outdoorfans auf alle Fälle mehr als genug Gelegenheit, in die Landschaft einzutauchen.

Zwischen Bergen, Vulkanen und der Wüste

Die Fahrt vom Colorado Plateau und Canyonland hinab in den Süden gehört zu den landschaftlich spektakulärsten Routen im Westen. Zunächst stellen sich dem Reisenden die bis zu 3800 Meter hohen San Francisco Mountains in den Weg. »Berge der Abenddämmerung« nennen sie die Navajo, und den 3854 Meter hohen Humphreys Peak bezeichnen sie als den »westlichen Berg des ersten Menschen«. Auch für die Hopi ist der Bergzug heilig, befindet sich doch hier die Heimat der Kachinas, jener Holzpuppen, die als Geister zwischen Göttern und Menschen vermitteln.

Am Ostrand der Bergkette erinnert der Sunset Crater an die glühende Erdgeschichte. Entstanden nach einer Serie von Vulkanausbrüchen zwischen dem 11. und 13. Jahrhundert, ragt der Kegel rund 300 Meter über die ihn umgebenden Lavafelder hinaus. Dieses Naturschauspiel beobachteten einst die Sinagua-Indianer erst aus sicherer Entfernung, um später zurückzukehren und das durch Vulkanasche fruchtbar gewordene Land zu nutzen. An ihre Siedlungen erinnert eine Reihe von Pueblo-Ruinen, darunter Wutpatki, das »große Haus«, nördlich des heutigen Flagstaff.

Dieses Städtchen, im Winter tief verschneit und im Sommer angenehm kühl, dient in erster Linie als Ausgangspunkt für den nördlich gelegenen Grand Canyon. Noch auf dem 1600 Meter hochgelegenen Colorado Plateau, das sich über 340 000 Quadratkilometer über Arizona, New Mexico, Utah und Colorado hinweg erstreckt, stellt die Fahrt von Flagstaff hinunter in die Sonora-Wüste, nach Phoenix, ein besonderes Erlebnis dar. Innerhalb nur weniger Fahrtstunden läuft vor den Augen des Reisenden Arizonas vielseitige Geologie, Flora und Fauna gleich einem Film ab.

Anfangs noch die mächtigen San Francisco Mountains im Rücken schlängelt sich der Highway 89A Kilometer für Kilometer hinab in den spektakulären Oak Creek Canyon, der sich südlich von Flagstaff erstreckt. Die Tatsache, dass man innerhalb weniger Kilometer und in endlosen Serpentinen über 500 Meter an Höhendifferenz überwindet, macht diese erste Etappe zu den beeindruckendsten Strecken im Südwesten.

Cowboys im Red Rock Country

Noch beeindruckt von Oak Creek Canyon, kommt man, wenn man die Schlucht nach kurvenreicher Fahrt hinter sich gelassen hat, aus dem Staunen nicht heraus. Diese unverwechselbaren roten Tafelberge, die sich im Süden vor dem Reisenden aufbauen, kennt man doch? In der Tat fungierte das »Red Rock Country« um die Ortschaften Sedona und Prescott in zahlreichen Westernfilmen als Landschaftskulisse.

Das einst verschlafene Bauerndorf Sedona hat sich längst, auch wegen des angenehmen Klimas zwischen Bergen und Wüste, zu einem Künstlerzentrum im Stil von Santa Fe entwickelt, und die lokale Kunst- und Kulturszene, geprägt nach Western-Art, kann sich sehen lassen. Das rund 100 Kilometer weiter im Südwesten gelegene Prescott war dagegen in den 1860ern die erste Hauptstadt des Territoriums Arizona, fungiert heute aber vor allem als Altersruhesitz und Golfer-Paradies. Ein Großteil der Innenstadt stammt noch aus den Gründungszeiten und wie eh und je treffen sich in den Saloons am Samstagabend die Cowboys der Umgebung. Immerhin hat sich Prescott auch als Rodeostadt einen Namen erworben: Seit 1888 findet hier die älteste bekannte Rodeoveranstaltung der Welt statt, die Prescott Frontier Days.

Folgt man von Sedona aus dem Mogollon Rim, einer Geländestufe zwischen Colorado Plateau und Wüste über fast 320 Kilometer quer durch Arizona bis zur Grenze nach New Mexico, auf einer kleinen Nebenstraße, der Arizona State Route 179, weiter südostwärts, erreicht man an der Autobahn zwischen Flagstaff und Phoenix (I-17) das Verde River Valley. Der kleine Fluss hat mitten in der wüstenhaften Umgebung Oasen entstehen lassen, die für Mensch und Tier Anlaufpunkte waren und sind. Daran erinnern die beeindruckenden Überreste des Montezuma Castle National Monuments. Es handelt sich um die Ruinen von Felswohnungen, die im 12. Jahrhundert von Hohokam-Indianern in den steilen Talwänden angelegt worden waren und von frühen Forschungsreisenden fälschlicherweise nach dem gleichnamigen Aztekenherrscher benannt wurden.

Wer Zeit hat, sollte die Autobahn meiden und auf den State Routes 260/87 dem Mogollon Rim weiter nach Osten folgen, bis Payson. Dieses Westernstädtchen wie aus dem Bilderbuch ist nicht nur bekannt für seine Guest Ranches, sondern auch wegen eines berühmten Einwohners: Zane Grey (1872–1939). Der bedeutende Westernautor verbrachte in der Nähe, in einem 1991 abgebrannten Blockhaus, viel Zeit. Von Payson aus führt der gut ausgebaute Higway 87 schließlich vom Mogollon Rim langsam hinunter in das heiße Wüstenbecken rund um Phoenix.

Eine Oase in der Wüste

Die Erfindung der Klimaanlage und die Zähmung des Colorado River bildeten die Grundlage dafür, dass inmitten der öden Sonora-Wüste aus einem staubigen Nest neben einem einsamen Militärposten inmitten Indianerlands die moderne Metropole Phoenix (*1881) werden konnte. Mussten zu Anfang Siedler mühsam mit billigem Grund angelockt werden, wächst heute die Anziehungskraft ständig: Senioren lieben das angenehme Klima, und Besucher kommen hier bei Shopping und Essen, Baden und Golf, Muse-

Blick in den Antelope Canyon, Sunset Point im Bryce Canyon und »Totem Poles« im Monument Valley.

umsbesuchen und Ausflügen in die nahe Bergwelt voll auf ihre Kosten. »Valley of the Sun« bezeichnet man die Region, in der entlang dem Salt-River-Tal mehrere weitere Städte, zum Beispiel Glendale oder Scottsdale, aus dem Wüstenboden gestampft wurden. Als Frank Lloyd Wright Ende der 1920er-Jahre zum ersten Mal das Tal des Salt River, in dem Phoenix liegt, erblickte, sprach er spontan von einem »Schlachtfeld titanischer Naturkräfte«. Er blieb dennoch, und sein Haus »Taliesin West« ist heute eine beliebte Attraktion. Wright schwärmte davon, hier eine neue Gesellschaft zu begründen, die es dem Menschen erlaubt, »ein gottähnlicher urtümlicher Bestandteil Arizonas zu werden« – wie einst die Indianer, und in deren Welt kann man im sehenswerten Heard Museum in Downtown Phoenix eintauchen. Die Sonora-Wüste hat Süd-Arizona fest im Griff, doch herrscht hier keinesfalls karge Ödnis, sondern vielmehr pralles Leben dank unzähliger Vogelarten, Reptilien, verschiedenster Pflanzen und vor allem wegen der omnipräsenten Überlebenskünstler, der Kakteen. Hier leben auch noch die Nachkommen der prähistorischen Hohokam: die Akimel O'odham-Indianer um den Salt River herum beim heutigen Phoenix und die Tohono O'odham in der Wüste westlich von Tucson.

Ein Wald voller Kakteen

Wie in Phoenix haben auch im südlich gelegenen Tuscon die Hohokam-Indianer die Basis für ein annehmbares Leben gelegt. Ihnen folgten Spanier, Mexikaner und schließlich Amerikaner, die ab den 1860ern auf der Suche nach Gold hierher gelangt waren. Zwar machte sich dieses Edelmetall rar, dafür traten aber Silber und Kupfer zutage, und die Minen lockten Bergleute, Händler und Prostituierte an, und alles, was zu einem Minendorf gehörte, entstand.

Der Bau der Davis-Monthan Air Force Base und die Einrichtung der Universität im frühen 20. Jahrhundert sorgten für die Entstehung des modernen Tucson, das heute Besucher mit seiner bunten Mischung aus mexikanischen und indianischen Komponenten, aus Old und New West, verzaubert. Die Hauptattraktion Tucsons ist jedoch die Wüste. Erhält man schon im Arizona Sonora Desert Museum einen guten Einblick in die lokale Flora und Fauna, kommt der Besucher im Saguaro National Park erst richtig ins Staunen. Hier bildet nämlich die Symbolpflanze der Sonora-Wüste, der Saguaro-Kaktus, riesige Wälder. Im Westen und Osten der Stadt wurden im Jahr 1932 über 35 000 Hektar unter Naturschutz gestellt.

Historischer Pulverdampf

Man glaubt beinahe, den Pulverdampf noch zu riechen. Tombstone wurde nämlich durch eine Schießerei im Oktober 1881 weltberühmt. Damals standen im O.K. Corral die Earp-Brüder Wyatt, Virgil und Morgan und deren Freund, der ehemalige Zahnarzt und Berufsspieler John »Doc« Holliday einer Bande von Viehdieben, darunter Ike und Billy Clanton, die McLaury-Brüder und Billy Claiborne gegenüber, um ein für alle Mal zu klären, wer das Sagen hatte.

Bei Suzanna Davila im Café Poca Cosa in Tucson. In der Sattelkammer der Palo Verde Guest Ranch/Tucson.

Die Fassade des Hotels Loretto in Santa Fe erinnert an ein altes Indianer-Pueblo.

Kaum war der Pulverdampf abgezogen, sah man Billy Clanton und die McLaurys tot im Staub liegen; zwei der Earp-Brüder waren schwer verwundet. Holliday und Wyatt Earp wurden vor Gericht gestellt und aus ihren Ämtern entlassen, jedoch nie verurteilt. Zahllose Romane und Filme wie der legendäre »Gunfight at the O.K. Corral« (1957) oder »Wyatt Earp« (1994) halten bis heute diese Story am Leben, und Tombstone existiert heute vor allem wegen der Besucher, die sich die Schießerei immer wieder aufs Neue vorspielen lassen.

Kampf um die Heimat

Wie kein anderer Indianerstamm haben sich die Apachen vehement gegen die weißen Eindringlinge zur Wehr gesetzt. Besonders berüchtigte Guerillakämpfer waren die Chiricahua-Apachen im Südosten Arizonas, genauer gesagt im Hinterland von Tucson und Tombstone. Schon im 17. Jahrhundert hatten die Apachen die Spanier bekämpft. Sie kapitulierten erst 1886 vor der Übermacht des amerikanischen Militärs. Die Namen ihrer berühmtesten Anführer – Mangas Colorado, Cochise, Vittorio, Juh, Naiche oder Geronimo – rufen heute noch bewunderndes Schaudern hervor. Unter den Apachen selbst gelten sie als Nationalhelden.

Lange in Nordamerika als blutrünstige Wilde verschrien, wird den Apachen erst in jüngerer Zeit die ihnen gebührende Achtung zuteil – im Unterschied zu Deutschland, wo Karl May ausgerechnet die Apachen zu »Edlen Wilden« stilisiert und populär gemacht hatte. Die einst in lockeren Familienverbänden umherziehenden Nomaden, konzentriert im Süden Arizonas und New Mexicos, sind inzwischen sesshaft geworden, betreiben Viehzucht und leben in zunehmendem Maße vom Tourismus.

Im Tal des Rio Grande

»Hier ist alles Farbe, alles Licht«, soll Georgia O'Keeffe (1887–1986) einmal gesagt haben. Wie viele andere Künstler war auch die im ländlichen Wisconsin geborene Malerin, die 1929 nahe Santa Fe im Land der Pueblos eine neue Heimat fand, vom Licht und der beeindruckenden Landschaft, die das Tal des Rio Grande prägen, fasziniert. Hier zwischen Albuquerque, Sante Fe und Taos gehen die traditionsreiche Kultur der Pueblo-Indianer und jene der europäisch geprägten spanisch-mexikanischen und anglikanischen Zuwanderer seit jeher auf künstlerischer und kulinarischer Ebene eine fruchtbare Symbiose ein – und verleihen gerade diesem Teil des Südwestens eine ganz eigene Atmosphäre. Niemand verstand sich besser auf Licht, Formen, Farben und Stimmungen als Georgia O'Keeffe, die wie kein/e andere/r die Kunst des Südwestens verkörperte. In Sante Fe ist ihr deshalb ein eigenes Museum, das sehenswerte Georgia O'Keeffe Museum, gewidmet.

Ausgebildet im Art Institute in Chicago und mit dem berühmten Fotografen Alfred Stieglitz (1864–1946) verheiratet, fand O'Keeffe in New Mexico eine neue Heimat, die sie künstlerisch stark beeinflusste und die Basis für eine mittlerweile große Künstlergemeinde in Santa Fe und Taos legte.

Rätselhafte Hinterlassenschaften

Als am 29. Juni 1906 Präsident Theodore Roosevelt den Mesa Verde National Park zum zweiten Schutzgebiet der USA nach dem Yellowstone erklärte, sprach er auch davon, die beachtlichen Hinterlassenschaften von Menschen schützen zu wollen, die schon lange im Dunkel der Geschichte spurlos verschwunden waren. Die Indianer der Anasazi-Kultur hatten sich bereits im 6. Jahrhundert auf den Plateaus von Mesa Verde, in der Südwest-Ecke Colorados, niedergelassen. Doch erst um 1200 entstanden ihre bis heute bewunderten mehrstöckigen Wohnbauten aus Lehm. Diese »Cliff Dwellings«, Felswohnungen, wurden bevorzugt in den Sandstein-Canyons angelegt, die den dicht bewaldeten und zerklüfteten Tafelberg Mesa Verde, am Übergang zwischen Colorado Plateau und den Rockies gelegen, durchschneiden.

Bis heute faszinieren die im Südwesten erhaltenen Ruinen-Pueblos der prähistorischen Indianer. Liegt es daran, dass ihre Felsbehausungen – Mesa Verde ist dafür das beste Beispiel – den Eindruck erwecken, die Menschen seien nur kurz mal draußen auf den Feldern oder ist es die landschaftliche Schönheit ringsum? Auch an anderen Orten im Südwesten hat man ähnliche Anlagen der Anasazi-Indianer gefunden, beispielsweise im Chaco Canyon weiter südlich, am Rande des heutigen Navajo-Reservats. Warum jedoch alle Siedlungen um 1300 plötzlich aufgegeben wurden, ist bis heute unklar und umstritten: War eine Bevölkerungsexplosion oder waren Fehden zwischen den Dörfern schuld daran, oder gab es eine einschneidende Klimaveränderung?

Noch die historischen Hinterlassenschaften der Anasazi vor Augen, glaubt sich der Besucher im östlich von Mesa Verde gelegenen Durango plötzlich mitten in den Wilden Westen versetzt. Die alte Minen- und Cowboystadt, die nach den Worten des legendären Hollywood-Cowboy Will Rogers (1879–1935) am Ende der Welt läge und auch noch froh darüber sei, hat sich inzwischen zu einem beliebten Touristenziel gemausert. Dank der Nähe zur Four-Corners-Region und zu zahlreichen Naturparks finden sich hier das ganze Jahr über Natur- und Outdoorfreunde ein, um die faszinierende Bergwelt der Rocky Mountains zu erkunden – zum Beispiel bei einer Fahrt mit der historischen Rio Grande Railroad.

Sante Fe hat sich zu einem Sammelpunkt von Künstlern und Galerien entwickelt.

Bergwelt der Rockies

Als die ersten Weißen vor »diesen gewaltigen Bergen«, wie 1805 der Forschungsreisende William Clark die Rocky Mountains bezeichnete, standen, verschlug es ihnen die Sprache. Die Dimensionen überstiegen ihr Vorstellungsvermögen, galten doch damals die Appalachen an der Ostküste als größtes Gebirge Nordamerikas. Heute zählen die Rockies zu den beliebtesten Reisezielen der USA mit ihrer grandiosen Bergwelt, den faszinierenden Naturparks, den fast unberührten Skipisten und ihren historischen Orten.

Mitten im Glacier National Park, hoch in den Rocky Mountains, spiegelt sich der Mount Sinopah fotogen im Two Medicine Lake.

Am Little Redfish Lake in der Sawtooth NRA in Idaho zeigen sich die Rocky Mountains von ihrer schönsten Seite.

Die Bergziegen sind dank ihres weißen, dichten Fells gut an das Leben hoch oben im ewigen Eis der Rocky Mountains angepasst.

Auch das gehört zu den Rocky Mountains: Sanddünen im Bruneau Dunes State Park in Idaho.

Berge, Wälder, Seen und brodelnde Erde

Unberührtes Naturidyll am Nymph Lake im Rocky Mountains National Park in Colorado.

Die Rocky Mountains, das große Felsengebirge im Westen der USA, bilden den östlichsten Teil der nordamerikanischen Kordilleren, Teil der amerikanischen Kordilleren, die mit einer Länge von 15 000 Kilometern zwischen Alaska und Feuerland und einer Breite von 2500 Kilometern das längste Faltengebirge der Welt bilden. Die überwiegend durch Bewegung und Faltung der Erdkruste gebildeten Rockies ziehen sich von der Grenze zu Mexiko über mehr als 4500 Kilometer bis nach Kanada und Alaska. Ebenfalls Teil der Kordilleren sind die Küstenberge (Coast Range), die Kaskaden und die Sierra Nevada. Der höchste Berg der Rockies, der 6194 Meter hohe Mount McKinley, liegt in Alaska, zweithöchster ist der Mount Logan in Kanada (5959 Meter), während in der nachfolgend beschriebenen Region der Mount Elbert in Colorado mit 4401 Metern der höchste Gipfel ist. Aufgrund ihrer Entstehung werden die Rockies von Geologen auch als »Überschiebungsgürtel« bezeichnet. Vor etwa 80 Millionen Jahren erreichte die Subduktion der pazifischen durch die nordamerikanische Erdplatte ihren Höhepunkt und führte zur Entstehung der Kordilleren. Durch diese Verschiebung der beiden Platten gegeneinander waren die Gesteins- und Sedimentmassen unter gewaltigen Druck geraten, wurden dadurch nach

Osten geschoben und in Falten gelegt (wie ein mit der Hand flach zusammengeschobener Teppich). So entstanden erst die Küstenberge – die Coast Range –, dann die vulkanreichen Kaskaden (Cascade Range), die Sierra Nevada und schließlich die Rocky Mountains.
Reich an Bodenschätzen und natürlichen Ressourcen, wurden die Rockies konstant ausgebeutet. Allerdings gelang es durch die Weitsicht von Umweltschützern, Künstlern und Politikern, dass große Gebiete unter Schutz gestellt wurden. Ihnen ist es letztendlich auch zu verdanken, dass die sogenannten Mountain States – Colorado, Utah, Wyoming, Idaho und Montana – mitten im »Heart of the Rockies« heute ein unvergleichliches Naturerlebnis bieten.

»Gewaltige Berge«

»... wir erreichten schließlich den Kamm der Wasserscheide. Von hier aus entdeckte ich im Westen immense Bergketten, deren Gipfel schneebedeckt waren.« Recht nüchtern war der Tagebucheintrag des Forschungsreisenden Merriwether Lewis, der zwischen 1804 und 1806 im Auftrag von US-Präsident Thomas Jefferson eine Militärexpedition leitete, die das 1803 mit dem Louisiana Purchase von Frankreich erworbene Land erkunden sollte. Die Appalachen im Osten galten bis dato als das gewaltigste Gebirge Nordamerikas, die Rockies machten dagegen die Forschungsreisenden sprachlos.
Bei der Annäherung an diese gewaltige Bergkette, die sich dem Reisenden wie ein schier unüberwindbarer Riegel in den Weg stellt, verschlägt es einem auch heute noch die Sprache. Speziell wenn man sich von Osten her den Rockies nähert, ist der erste Eindruck überwältigend: Nach nicht enden wollender Fahrt durch die Weite der Prärie taucht plötzlich im Westen eine dunkle Linie auf, und man glaubt, Berge über dem Grassland in der Luft flimmern zu sehen. Das Bild wird immer klarer, bis man unvermittelt mittendrin steht in diesen gewaltigen Bergen mit ihren klingenden Namen: Bighorns, Bitterroots oder Uinta Mountains, Tetons, Front, Wind River oder Laramie Ranges.

Ein Hirngespinst macht Geschichte

John Colter, Teilnehmer der Lewis & Clark-Forschungsreise von 1804 bis 1806 in den Nordwesten und später als Trapper in den Rocky Mountains war ein eigenartiger Zeitgenosse. Er lebte monatelang alleine in den Bergen, und immer wenn er aus der Wildnis in St. Louis auftauchte, um seine Felle abzuliefern, wurde er wie ein Waldschrat bestaunt. Zumal er auch noch von fantastischen Abenteuern erzählte, zum Beispiel, dass er einmal einer Bande Blackfeet-Indianer nackt entkommen sei, aber auch von grandiosen Naturschauspielen. Er berichtete von Geysiren, heißen Quellen, Feuer speienden und stinkenden Felsspalten inmitten einer traumhaften Wald- und Berglandschaft, die bevölkert sei von immensen Mengen an Wild.

Erste Schneewolken ziehen über die Rockies.

Herbstliches Farbenspiel im White River National Forest.

»Colter's Folly«, Colters Hirngespinst, spotteten die Menschen, und der Trapper zog sich unverstanden wieder in seine so fantastische Bergwelt zurück. Erst als die unglaublichen Geschichten von den »Mountain Men« wie Colter zunahmen, wurde man hellhörig: So entschloss man sich sogar in der fernen Hauptstadt Washington im Jahre 1871, eine wissenschaftliche Expedition in die Wildnis zu schicken. Die daraus resultierenden Berichte des Leiters Dr. Ferdinand V. Hayden, Direktor des U.S. Geological and Geographical Survey of the Territories, sorgten ebenso wie die Gemälde des mitgereisten Künstlers Thomas Moran und die Schwarzweißfotos von William Henry Jackson für derartiges Aufsehen, dass die Politiker eine bis dato einmalige Reaktion zeigten. Am 1. März 1872 stellten sie erstmals ein Naturareal unter Aufsicht und Schutz des Staates, damit es als »öffentlicher Park zum Nutzen und zur Freude des Volkes« diene.

Ausgehend vom Yellowstone National Park breitete sich der Naturschutzgedanke in den folgenden Jahren aus, erst innerhalb der USA, dann auch in Kanada und anderen Teilen der Welt. Zur 200-Jahr-Feier der USA, 1976, wurde der Park zum Biosphären-Reservat und 1978 zur UNESCO World Heritage Site ernannt. Zusammen mit dem Grand Canyon (*1919) und dem Yosemite (*1890) ist der Yellowstone mit über 9000 Quadratkilometern Fläche der größte und bekannteste, mit etwa drei Millionen Besuchern jährlich einer der meistbesuchten Nationalparks Nordamerikas.

Ein »zuverlässiger Alter«, heiße Quellen und wilde Tiere

Der Yellowstone National Park liegt auf einem Hochplateau in einer Höhe von 1900 bis 2600 Metern mitten in den Rocky Mountains und wird malerisch umrahmt von bis zu 3400 Meter hohen Gipfeln. Die Hochebene entstand vor etwa 100 000 Jahren, als ein Vulkan explodierte und der Kegel abgesprengt wurde; an der tiefsten Stelle bildete sich der Lake Yellowstone. Von vulkanischen Aktivitäten zeugen im fast 50 mal 64 Kilometer großen Kessel noch heute unzählige Geysire, als bekanntester der Old Faithful – der »zuverlässige Alte« –, außerdem heiße Quellen, Schlammvulkane, Calderas und Fumarolen.

Die Lower Falls gehören zu den Hauptsehenswürdigkeiten des Yellowstone National Park.

Vor rund 100 Jahren fast ausgerottet, kehren die Bisons langsam wieder in den Westen zurück.

Trotz aller Unwirtlichkeit mangelt es nicht an Leben: Von Hirschen und Elchen über Grizzly- und Schwarzbären, Wölfen und Bisons bis hin zu über 200 Vogelarten ist alles vertreten. Dichte Wälder und steil aufragende Granitfelsen, wild rauschende Flüsse, spiegelglatte Seen und Hunderte von Wasserfällen bieten nicht nur Fotomotive, sondern auch Lebensraum für vielerlei Tierarten. Der Nationalpark misst 86 Kilometer von Ost nach West und gut 100 von Nord nach Süd und liegt zu 96 Prozent auf dem Staatsgebiet von Wyoming. Im äußersten Nordwesten (Yellowstone County) gehören kleine Areale zu Montana und Idaho, und drei der insgesamt fünf Zugänge befinden sich in Montana, zwei in Wyoming. Fast 2000 Kilometer an Wanderwegen, Hotels und Campgrounds machen den Park zu einer im Sommer viel besuchten Attraktion. Im Winter hingegen ist nur ein Teil uneingeschränkt zugänglich: um Mammoth Hot Springs nahe dem North Entrance (Nordeingang), wo sich die Park Headquarters, eines von fünf Visitor Centers und das Mammoth Hot Springs Hotel befinden.

Der Old Faithful im südwestlich gelegenen »Geysir Country«, gilt als das Aushängeschild des Parks, ebenso wie das hier befindliche historische Old Faithful Inn, ein 1904 gegründetes Hotel. Der Geysir stößt regelmäßig ungefähr alle 90 Minuten 20 000 bis 30 000 Liter Wasser 40 bis 60 Meter hoch hinaus. Im Bereich des Old Faithful, im Upper Geyser Basin, befinden sich zahlreiche weitere Geysire, darunter Riverside, Grotto und Daisy Geyser. Neben dem Old Faithful und dem Yellowstone Lake, der mit 170 Kilometern Uferlinie die größte Wasserfläche im Park bildet und über 2000 Meter hoch liegt, hat der Naturpark eine dritte atemberaubende Sehenswürdigkeit zu bieten: den Grand Canyon of the Yellowstone River mit den Lower und Upper Falls. Der Canyon erreicht nahe dem Artist Point seine größte Tiefe von 470 Metern und dort, ebenso wie vom gegenüberliegenden »Grand View« aus, bieten sich die spektakulärsten Ausblicke auf das Tal und die 94 Meter hohen Lower Falls.

Das »Monster« atmet

Der Yellowstone ist ein Musterbeispiel für die enormen Kräfte, die unter der Erdoberfläche wirken. So zischt, sprudelt und dampft es pausenlos aus mehr als 200 Geysiren und aus über 10 000 heißen Quellen, Schlammlöchern und Fumarolen. Verantwortlich dafür sind Hot Spots – Stellen unterhalb der Erdkruste mit erhöhtem Wärmefluss, über denen Vulkane entstanden. Im Erdinneren, unter dem Yellowstone, hat sich über Jahrhunderte eine riesige Magmablase, ein »Supervulkan«, gebildet. Zuletzt haben Forscher beobachtet, dass der Boden sich an einigen Stellen um bis zu zehn Zentimeter gehoben, andernorts gesenkt hat. Sie mutmaßen, dass dafür dieses Magma verantwortlich sei, das unterirdisch etwa 15 Kilometer quer durch den Park strömt und den Boden in Bewegung versetzt. Zuvor herrschte die Meinung vor, dass lediglich das heiße Grundwasser unter der Oberfläche für die Deformationen verantwortlich sei.

Eine ganz andere Art der Gefährdung stellen die Brände dar, die in gewissen Abständen immer wieder Flora und Fauna schädigen und ganze Landstriche vernichten. So grausam diese Brände scheinen mögen, sie sind zugleich ein natürliches Regulativ und gehören zu einem Kreislauf, bei dem sich der Urwald sozusagen selbst reinigt. Man schätzt, dass etwa 300 Großbrände in den letzten 10 000 Jahren gewütet haben, der letzte 1988. Damals wurde etwa die Hälfte des Areals erfasst – und kaum 20 Jahre später sprießen bereits überall neue Sträucher und Bäume.

Alpen im Großformat: die Grand Tetons

Nur wenige Autostunden südlich des Yellowstone gibt es ein Kontrastprogramm. Hier erhebt sich eines der atemberaubendsten Bergpanoramen der Rocky Mountains, die Grand Tetons. Von »Teewinot«, den vielen Bergspitzen, sprachen ehrfürchtig die Indianer. Die ersten weißen Trapper, zumeist Frankokanadier, sahen darin eher weibliche Rundungen und nannten die Berge Les Trois Tetons (frz. teton = Brustwarze).

Zu Füßen dieser Bergkulisse breitet sich ein malerisches Talbecken aus, durch das sich der Snake River schlängelt. Es wird nach David E. Jackson, einem der ersten Pelzjäger der Region, »Jackson Hole« genannt. Das lang gestreckte Becken entstand vor 13 bis 17 Millionen Jahren, als die Erdkruste hier aufzubrechen begann. Eine Seite, im Westen, türmte sich dabei zur Teton Range auf, die östliche bildete die Talsenke. Die tiefste Stelle dieser Teton Fault liegt südlich des heutigen Ortes Jackson und ist bis heute Erdbebengebiet, was allerdings weder die einst hier jagenden Indianer und Trapper noch moderne Urlauber zu stören scheint. Aus dem vormaligen Nest Jackson ist der Dreh- und Angelpunkt des Berg- und Naturtourismus mit allen damit verbundenen Vor- und Nachteilen im Sommer wie im Winter

Schwefelhaltige heiße Quellen im Yellowstone National Park.

Zuverlässig spuckt der Old Faithful Geysir alle 90 Minuten heißes Wasser in den Himmel.

geworden. Einen gewissen Charme hat der Ort sich dennoch bewahrt, wenn auch gelegentlich das Wildwest-Image etwas aufgesetzt wirkt. Die Region ist dank der mehr als 50 Skipisten auch zur Topdestination für europäische Winterurlauber geworden. Trotz des Zustroms wird es hier nie eng, gibt es keine langen Schlangen vor Liften oder überlaufene Pisten – lediglich die Unterkunft sollte man im Voraus buchen. Eine der großartigsten Skipisten ist die sieben Kilometer lange am Mt. Rendezvous, die mit fast 1300 Metern die größte Höhendifferenz in den USA aufweist.

Auch wer noch nie hier war, dem könnte diese Gegend bekannt vorkommen. Karl May lässt seinen dritten und vierten Winnetou-Band in dieser Region, im Tal des »Schlangenflusses«, des Snake River, zwischen Teton Range und den sich gegenüber befindlichen nicht ganz so mächtigen Gros Vendre Mountains, spielen. Sogar Winnetous Grab soll hier sein, und zwar irgendwo in den Bergen, an der Mündung des Hoback River in den Schlangenfluss südlich von Jackson. Was hätte wohl Karl May gesagt oder geschrieben, wenn er dieses Naturjuwel mit eigenen Augen gesehen hätte?

Schatzsucher, Abenteurer und dubiose Gesellen

Montana genießt den Ruf als »Big Sky Country«, als Land, wo sich die Prärie an den Bergen bricht wie Wellen des Ozeans an der Felsküste – und wo sich über der endlosen Weite und dem unermesslichen Horizont ein mächtiges, tiefblaues Himmelsgewölbe aufbaut. Doch Montana hat auch eine andere Seite: Nachdem viele Abenteurer und Schatzsucher in Kalifornien nach dem Goldrausch mit einem Kater aufgewacht waren, suchten sie ihr Glück in der bis dato weniger bekannten Bergwelt der Rockies. Von dort hatte nämlich schon so mancher Trapper einmal einen Klumpen Gold in die zivilisierte Welt mitgebracht. In Windeseile sprachen sich die Funde herum, Versorgungsorte schossen wie Pilze aus dem Boden. Sie wurden allerdings genauso schnell wieder aufgegeben. Helena, die heutige Hauptstadt Montanas, ist solch ein ehemaliges Goldgräberstädtchen. Eigentlich wollten die Goldschürfer bereits ihre Sachen packen, als sie 1864 noch fündig wurden. »The Last Chance Gulch«, in letzter Minute, nannten sie den Fundort, der bald weitere Glücksritter anlockte. Im Nu war aus dem Abenteurer-Camp eine kleine Stadt geworden. Dass es Helena nicht so erging wie vielen Geisterstädten in den Rockies, verdankt man einem Streit zwischen den beiden einflussreichsten Männern der Region: Marcus Daly und William Andrews Clark. Zusammen mit F. Augustus Heinze hatten sie dank reicher Silber- und Kupfervorkommen als Copper Kings die Minenstadt Butte zwischen 1870 und 1910 zum »Richest Hill on Earth« gemacht. Am Ende setzte sich Clark mit seinem Vorschlag durch, und Helena wurde 1889 die

Gletscher, Seen, Wälder und Wasserfälle wie die St. Mary Falls machen den Reiz des Glacier NP aus.

Mondaufgang über der bizarren Bergkette am St. Mary Lake im Glacier National Park.

Hauptstadt des neuen Staates Montana.

Goldfunde im Jahr 1863 hatten quasi über Nacht Virginia City und, benachbart, Nevada City, entstehen lassen, die rund 10 000 Glücksritter mussten mit allem Nötigen versorgt werden. Bei diesem Goldrausch wollte jeder schnell reich werden, ganz gleich wie. Kein Wunder, dass Recht und Ordnung wenig Bedeutung hatten. Besonders Virginia City haftete der unrühmliche Ruf an, eines der gefährlichsten Pflaster im Wilden Westen zu sein. Als kein Gold mehr zu finden war, verschwanden die Glücksuchenden ebenso schnell wieder, wie sie aufgetaucht waren.

Nur ein paar Seelen leben heute noch in Virginia City, das ab 1865 sogar als Territorial-Hauptstadt und Vorgänger von Helena fungierte. Doch zusammen mit dem aufgelassenen Nevada City, ein paar Kilometer westlich, ist es inzwischen zum sehenswerten Freiluftmuseum und zur Touristenattraktion mit liebevoll renovierten Bauten und Wildwest-Flair geworden. Vor allem im kleineren Nevada City scheinen die Uhren stehen geblieben zu sein, und man glaubt in dieser Geisterstadt im Sommer entlang der alten Hauptstraße (Main Street) auf Zeitreise zu gehen.

Immer dem Bär nach

Zu den mächtigsten Tieren der Rocky Mountains gehören die Bären. Zahlreich sind die Black Bears (Schwarzbären), während die berüchtigten Grizzlies selten geworden sind. Der lateinische Name des Grizzly, *Ursus horribilis*, weist auf seine Einschätzung seitens der Weißen hin: als »blutrünstige Bestie«. Sein Lebensraum erstreckte sich ursprünglich von Alaska bis Nord-Mexiko, war aber auf den westlichen Teil des Kontinents beschränkt. Inzwischen wird er in den Rockies nur noch selten gesichtet, gelegentlich in den Nationalparks.

Während die Indianer immer respektvoll vom Bruder Bär sprachen, war und ist er für die meisten Weißen ein Ungeheuer geblieben. Immerhin wurde den Bären zu Ehren eine Route eingerichtet, die die Naturparks im Heart of the Rockies miteinander verbindet: der Trail of the Great Bear. Er führt von den Grand Tetons im Süden über den Yellowstone hinauf zum Glacier National Park im Norden Montanas

Tierleben im Yellowstone: Bisonherde (links), Fuchs (oben rechts) und Wapiti-Hirsch.

und weiter hinein nach Kanada, zu den Nationalparks Banff und Jasper. Die Strecke, die über verschiedene Highways führt, passiert dabei nicht nur die beeindruckende Bergwelt der Rockies, sondern kreuzt auch weites Ranchland, schneebedeckte Pässe, Indianerreservate und alte, teils aufgelassene Minenstädte.

1910 wurde ein über 410 000 Hektar großes Bergareal im Grenzgebiet zwischen Kanada und USA als Glacier National Park unter Schutz gestellt. Auf dem Going-to-the-Sun-Highway, der den Naturpark von Osten nach Westen durchquert, geht es auf atemberaubender Fahrt durch eine zerklüftete Gebirgslandschaft, geprägt von Wasser und Eis. Hier gibt es nicht nur rund 200 kleine und acht lang gestreckte und tiefe größere Seen, sondern auch etwa 50 Gletscher in Hochlagen. Ergänzt wird es durch eine beachtliche Tierwelt: Elche, Wapiti-Hirsche, Maultierhirsche, Schwarz- und Waschbären sind zahlreich zu beobachten, und auch Grizzlies durchstreifen hin und wieder die Täler.

»Where the sun goes down, I'll never fight again«

An ein dunkles Kapitel in der Geschichte der USA erinnert in den Rocky Mountains der ungewöhnliche Nez Perce National Historical Park. Sein Haupt-Besucherzentrum befindet sich in Spalding, im heutigen Reservat der Nez Perce im Nordwesten Idahos, auf der Westseite der Berge. Insgesamt umfasst der Nationalpark 38 Punkte in den Rockies, zwischen Idaho, Wyoming und Montana, die alle an die legendäre Flucht der Nez-Perce-Indianer 1877 unter ihrem damaligen Anführer Chief Joseph erinnern. Heute kann man ihrem Weg quer über die Rockies von Spalding/Idaho im Westen über die Bitterroots und durch den Yellowstone National Park bis fast zur Grenze Kanadas folgen.

Die NiMiiPuu, wie sie sich selbst nennen, waren ein friedliebendes und stolzes Volk, das jedoch mit wachsendem Siedlungsdruck von ihrem Heimatland im Grenzland zwischen Idaho und Oregon immer weiter in zunehmend kleiner werdende Reservate zurückgedrängt wurde. 1863 umfasste das Stammesgebiet nicht einmal mehr ein Zehntel des vormaligen Landes.

William Frederick Cody, bekannt als »Buffalo Bill«

Egal, ob ein schönes Mädchen aus den Klauen von Banditen oder Siedler vor Rothäuten zu retten waren, der ansehnliche Held in heller Wildlederkleidung und mit breitkrempigem Hut, mit weißem Wallehaar und Spitzbart war auf seinem prächtigen Falben stets rechtzeitig zur Stelle: William Frederick Cody, besser bekannt als Buffalo Bill, ist als Hauptdarsteller in seiner eigenen Wildwest-Show und Hauptfigur in vielen Romanen zu Beginn des 20. Jahrhunderts schon zu Lebzeiten zur sagenumwobenen Legende geworden.

Wie kein Zweiter hatte es Cody verstanden, den Mythos vom »Wilden Westen« mitzuprägen. Selbst noch Repräsentant dieser alten Zeiten, war ihm daran gelegen, die »good old days« der Kavallerie, der Banditen, der Cowboys und Indianer wachzuhalten und in die Moderne hinüberzuretten. Geboren am 26. Februar 1846 in LeClair/Iowa, soll er schon in jungen Jahren als Reiter beim Pony Express angeheuert haben.

Nach dem Amerikanischen Bürgerkrieg versorgte er in den Jahren 1867/68 die Arbeiter der Kansas Pacific Railroad mit Büffelfleisch; sie nannten ihn deshalb »Buffalo Bill«. Dank seiner Orts- und Menschenkenntnis diente er dann bis 1872 als Chief of Scouts, als Anführer der indianischen Späher, die für die 5th US-Cavalry im Kampf gegen verschiedene Indianerstämme Dienst taten. Später in seinem Leben kam es zu einer 360-Grad-Wendung: Er wurde zum Fürsprecher der Indianer und er versuchte sich als Bisonzüchter.

In jenen Tagen entdeckte ihn ein New Yorker Journalist, E. Z. C. Judson alias Ned Buntline, und er machte Cody 1869 erstmals zur Hauptfigur in einem Groschenroman. Über Nacht als Westernheld berühmt geworden, verstand sich Cody exzellent darauf, diese Legende weiterzuspinnen. 1883 begann er, eine Wildwest-Show zusammenzustellen, die den Mythos des Westens mit nachgespielten Indianerkämpfen, Postkutschen-Überfällen, Bisonjagden und Geschicklichkeitswettbewerben in alle Welt hinaustrug. Bei den Shows traten neben Cody legendäre Figuren wie Annie Oakley oder Sitting Bull auf.

Bis 1913 tourte Buffalo Bill mit seiner Show durch die Welt. 1890 war er in Deutschland unterwegs: Von München ging es unter anderem nach Wien, Dresden, Leipzig, Hannover, Braunschweig, Berlin, Hamburg, Bremen, Köln, Düsseldorf, Frankfurt und Stuttgart. Nebenbei gründete er die nach ihm benannte Ortschaft Cody/Wyoming, heute Zugangstor zum Yellowstone, finanzierte ein Hotel in Sheridan mit, das derzeit großartig renoviert wird, und investierte in mehrere andere, zumeist wenig ertragreiche Unternehmungen. Er war schließlich alles andere als ein reicher Mann und zog sich nach Denver zu seiner Schwester zurück, wo er am 10. Januar 1917 im Alter von 71 Jahren starb. Buffalo Bill war bereits zu Lebzeiten zum Mythos geworden, wie sein deutsches Gegenstück Karl May.

1877 eskalierte der Konflikt, als während des erzwungenen Umzugs der Sippe von Chief Joseph vom Osten Oregons in ein Reservat in Idaho, zu Füßen der Rockies, Schüsse fielen. Daraufhin versuchten etwa 800 Indianer (darunter nur 125 Krieger) nach Kanada zu fliehen. Nach einem militärisch genialen Rückzugsgefecht über rund 2000 Kilometer über die Rocky Mountains wurden sie kurz vor der Grenze, in den Bear's Paw Mountains im Norden Montanas, gestellt. Dort sprach Chief Joseph dann die berühmt gewordenen Worte: »Where the sun goes down, I'll never fight again.« Einige Nez Perce entkamen bei Nacht und Nebel dennoch nach Kanada, während sich Chief Joseph und die überlebenden Flüchtlinge ergaben.

Ein Nationalpark für die Rockies

Gleichgültig, ob man von Boulder oder Denver in Richtung Westen blickt, an der prachtvollen Bergkulisse kann man sich nie sattsehen. Weit über hundert Berggipfel – 116 sind benannt – erreichen Höhen von über 3000 Metern und bilden ein beeindruckendes Panorama mit ganzjährig schneebedeckten Gipfeln. Das gesamte Areal im US-Bundesstaat Colorado steht als Rocky Mountain National Park unter Schutz, was dem Naturforscher und Fotografen Enos Mills zu verdanken ist.

Der Hotelbesitzer aus Estes Park, dem kleinen Zugangstor am Ostrand des Naturparks, propagierte um 1900 die Naturschönheit der Gegend und setzte sich für die Ausweisung eines Schutzgebietes ein. Die Reaktion der Regierung war erst zurückhaltend, denn man vermutete hier wie auch weiter südlich Bodenschätze. Doch Mills war ein Sturschädel, der so schnell nicht locker ließ, und 1915 wurde offiziell der Rocky Mountain National Park eingerichtet. Das über 100 000 Hektar umfassende Schutzgebiet gehört heute zu den meistbesuchten Naturparks der USA und zieht besonders während der Sommerwochenenden Zigtausende von Erholungssuchenden aus nahe gelegenen Städten wie Cheyenne, Boulder, Denver oder Colorado Springs an. Estes Park ist auch heute noch das Tor in den Nationalpark, doch das Universitätsstädtchen Boulder profiert ebenfalls von seiner Nähe zu den Rocky Mountains. Überschaubar und fußgängerfreundlich, prägt die University of Colorado mit ihren rund 26 000 Studenten das Stadtbild und das Leben in der Stadt. Nicht nur kulturell ist viel geboten, die Pearl Street Mall lädt zum Einkaufen und Flanieren ein, und in den vielen kleinen Cafés und Kneipen trifft man sich. Dank seiner Studenten gilt Boulder zudem als »grüne« Stadt, in dem das wichtigste Verkehrsmittel das Fahrrad ist.

Kunst und Wolkenkratzer gehen in Denver eine perfekte Symbiose ein.

Besuch in der »Mile High City«

Zwischen den Weiten der Great Plains und der gigantischen Bergwelt der Rocky Mountains gibt es nur eine einzige wirkliche Großstadt, und die heißt Denver. Von fern scheint es, als läge die Metropole den Rockies buchstäblich zu Füßen, doch in Wahrheit breitet sich die Stadt in der Ebene der Prärie aus. Sie liegt genau eine Meile (1,6 Kilometer) über dem NN und nennt sich daher auch »Mile High City«. Wie viele Städte im Westen ist auch Denver jung. Das bemerkt man bereits in Downtown, der Innenstadt, wo moderne Hochhausbauten eine beeindruckende Skyline vor der Hintergrundkulisse der Rockies bilden. Architektonisch hat Denver viel zu bieten, zum Beispiel den 2006 eröffneten Anbau des Denver Art Museum von Daniel Libeskind oder Michael Graves' Denver Public Library. Beide Bauten bilden ein ungewöhnliches

Die Skyline der »Mile High City« Denver vor mächtiger Rocky-Mountains-Kulisse.

modernes Bauensemble im Schatten des altehrwürdigen State Capitol mit vorgelagertem Park. Daneben haben sich aber auch einige historische Bauten erhalten, die an die Frühzeit der Stadt erinnern, zum Beispiel im Areal zwischen Larimer Square und Union Station. Wie viele Städte und Ortschaften in den Rockies verdankt Denver seine Gründung Goldfunden: 1858 hatte man im South Platte River Gold gefunden, sofort strömten die Schatzsucher herbei, und es entstanden gleich drei Ortschaften. Diese schlossen sich 1861 zusammen, und der Grundstein Denvers war gelegt. Auch wenn die Schürfer bald weiterzogen, um in den Bergen am Silberboom teilzuhaben, konnte der junge Ort mit all seinen Saloons, Hotels, Geschäften und Banken zum wirtschaftlichen Zentrum der Region aufsteigen. Zudem ließen sich zu Geld gekommene Schürfer und Minenbesitzer hier ihre herrschaftlichen Häuser errichten. Auch ein Opernhaus entstand, und Denver wandelte sich von einer Buden-Stadt zur »Queen City of the Plains«. Der Traum von der Weltstadt war erst um 1900 ausgeträumt, als der Silberpreis in den Keller stürzte und Denvers Minenbesitzer plötzlich knapp bei Kasse waren. Denver fiel in einen Dornröschenschlaf und erwachte erst wieder 1928, als die Eisenbahnlinie nach Westen fertiggestellt und die Stadt zum Eisenbahnknotenpunkt wurde. Zu Beginn der 1980er-Jahre lösten Bodenschätze, diesmal Erdöl und Kohle, neuerlich einen Boom aus – die TV-Serie »Denver« erinnerte daran. Rings um die Stadt, auf Getreidefeldern oder sogar mitten in Ortschaften, fördern seither Pumpen wertvolles Öl und haben die Stadt reich gemacht. Mittlerweile ist aus der Cowtown eine »Wowtown« geworden, wenngleich in den Augen vieler Amerikaner Denver eine Wildwest-Stadt geblieben ist. Unter Geldproblemen scheint die Stadt nicht zu leiden: spektakuläre Bauten, Museen, Sportstadien, Kulturevents und ein neuer, attraktiver Flughafen sprechen diesbezüglich Bände.

Wenige Meilen westlich von Denver liegt die Kleinstadt Golden, die sogar einmal mit Denver um die Vormachtstellung in Colorado konkurrierte. Heute locken nicht mehr Gold, sondern zwei andere Attraktionen Besucher in die kleine Stadt am Fuße der Rockies: Zum einen gibt es hier den größten Brauereikomplex der Welt, die 1873 vom deutschen Einwanderer Adolphus Kohrs gegründete Coors Brewery. Zum anderen pilgern Westernfans hinauf auf den Lookout Mountain zum Grab von William Cody (1848–1917), der weltberühmt wurde als »Buffalo Bill«. Der legendäre Trapper, Scout, Bison-Jäger und Begründer einer weltberühmt gewordenen Wildwest-Show hat hier in malerischer Lage nicht nur seine letzte Ruhe gefunden, sondern ein kleines Museum lässt zugleich sein Leben im »Wilden Westen« Revue passieren.

Wide Open Spaces

Himmel so weit das Auge reicht, ein scheinbar endloser Horizont über den Weiten der nordamerikanischen Prärie, das ist Montanas »Big Sky Country«. Aber auch North und South Dakota und weite Teile Wyomings sind solch ein dünn besiedeltes Naturparadies von immensen Ausmaßen, geprägt von Viehherden und Wildnis, von Grasland und steil aufragenden Bergen, von tief eingeschnittenen Flusstälern und zerklüfteten Badlands, von Indianern und Cowboys.

Beliebt bei Climbern und den Indianern heilig: Devils Tower, der wie ein Finger aus der Prärie herausragt.

Wind und Wasser haben im Laufe der Zeit die sogenannten Badlands – hier der gleichnamige Nationalpark in South Dakota – geschaffen.

Noch heute sind Pferde der Stolz eines jeden Indianers, und wer eine Herde besitzt, wie hier in der Pine Ridge Indian Reservation, ist reich.

Mount Rushmore in den Black Hills mit den vier Präsidenten Washington, Jefferson, Roosevelt und Lincoln ist ein Symbol für die Demokratie.

Der amerikanische Traum in den Weiten der Great Plains

»Schon unserere Vorfahren hatten diesen Traum: Ein Stückchen Land besitzen, es bebauen, eine Familie gründen und mit ihr dort glücklich werden.« Familienvorstand Dean Harmon, dessen Ahnen 1886 in die weiten Ebenen des Westens eingewandert waren, und seine drei Söhne Wagner, Wade und Garth haben sich ihren Traum auf einem Prärie-Landstrich am Missouri, im Grenzgebiet zwischen Montana und North Dakota, verwirklicht. Die Ranch ist ein Familienbetrieb – unterstützt von zwei Angestellten und Saisonkräften – und, wie Dean betont, lebt jeder von ihnen gerne hier.

Und das, obwohl der nächste Nachbar kilometerweit entfernt wohnt, der nächste Laden, die nächste Schule oder der nächste Arzt erst in mehrstündigen Autofahrten zu erreichen ist. Denn Dörfer, wie sie in Europa üblich sind, gibt es in der Weite des Westens nicht. Wenn Wagner und seiner Frau einmal der Sinn nach Abwechslung steht, fahren sie ins rund 350 Kilometer entfernte Regina in Kanada. Nicht viel anders ergeht es den Menschen in North oder South Dakota, wo mehr Rinder als Menschen leben. »Life in the Vast Lane« – ein Leben in endloser Weite – statt einem »Life in the Fast Lane«, wie es in einem alten Eagles-Hit heißt, prägt das Cattle and Horse Country. Hier laufen die Uhren langsamer, und die endlose Weite der Prärie scheint von vornherein jede Hektik zu unterbinden.

Abendstimmung über den Badlands im Theodore Roosevelt National Park in North Dakota.

Wildpferde und Bisons fühlen sich im Roosevelt National Park (North Dakota) gleichermaßen wohl.

So mancher hat hier schon versucht, seine Träume zu verwirklichen. Darunter waren schillernde Persönlichkeiten wie Louis L'Amour, der bedeutendste Western-Autor der Welt, aber auch der französische Marquis de Mores, der, wie man noch heute in Medora/North Dakota sehen kann, einst fürstlich lebte und eine Schlachtfabrik plante. Auch Theodore Roosevelt kam als Dandy und Stadtcowboy her und zog als geachteter Rinderzüchter und Naturschützer von dannen, um das Präsidentenamt anzutreten. »Ohne meine Zeit im Westen North Dakotas hätte ich es nie geschafft«, soll er später behauptet haben. Kein Wunder, dass man sich in North Dakota gern an den Expräsidenten erinnert und auf seinem einstigen Land sogar einen Nationalpark ausgewiesen hat.

Plains ist streng genommen der übergeordnete Begriff für die weiten Ebenen zwischen Rockies und Mississippi. Aufgrund des ursprünglichen Bewuchses mit unterschiedlichsten Gräsern spricht man auch von »Grassland« oder »Grassland Prairies«. Dabei ist die Prärie keineswegs einheitlich – auch wenn es auf den ersten Blick so erscheinen mag. Da gibt es einerseits die relativ feuchten Central Plains im Umfeld von Mississippi und Missouri und ihrer Zuflüsse und andererseits die fast wüstenartigen Great Plains. Letztere breiten sich ungefähr zwischen dem Tal des Missouri und den Rockies aus.

Die Bisons sind wieder da

Rinder und Pferde bestimmen das Alltagsleben in den Dakotas, doch auch die einstigen Herrscher der weiten Ebenen des Westens, die Bisons, sind nicht verschwunden. Im Gegenteil: Inzwischen sind in Schutzarealen und auf Privatgrund wieder große Herden zu sehen. So zum Beispiel in den Black Hills, wo im Custer State Park eine der größten wild lebenden Bisonherden zu Hause ist. Wenn im Herbst die Parkverwaltung die Tiere zur Sichtung und Untersuchung zusammentreibt, wird dieser Buffalo-Round-up zum gesellschaftlichen Ereignis, bei dem sogar der Governor von South Dakota als Schirmherr fungiert und etwa 10 000 Naturfreunde dabei sind.

Um 1850 sollen noch an die 13 Millionen Tiere das Grasland bevölkert haben, wenige Jahrzehnte später, um 1883, hatten weiße Jäger nur mehr rund 200 Bisons übrig gelassen. Dank Naturparks wie dem Custer State Park, Privatzüchtern wie der Terry Bison Farm bei Cheyenne/WY sowie Institutionen wie dem National Buffalo Museum (Jamestown/ND) mit seinen beiden seltenen Albinos tummeln sich heute wieder etwa eine halbe Million Bisons im Westen. Auch die Indianer erinnern sich wieder daran, dass sie einmal »Warriors of the Plains« genannt wurden. Viele Stämme bemühen sich, das ihnen heilige Tier durch Zucht wiederzubeleben, zumal die bis zu 1000 Kilogramm schweren Bisons ein besonders hochwertiges, mageres Fleisch liefern.

He Sapa nennen die Lakota, ein Stamm der Sioux, die ihnen heiligen Black Hills in South Dakota.

»Unkultivierbar und unbewohnbar«

Wie recht hatte in der Rückschau jener Offizier, der von der Regierung in den 1820ern zur Erforschung der Prärie losgeschickt worden war und schrieb: »Dieses Land ist für die Kultivierung gänzlich ungeeignet und natürlich auch für Menschen, die von der Landwirtschaft leben, unbewohnbar.« Auf jenen Stephen Long wollte jedoch niemand hören, da gerade damals eine ungewöhnlich fruchtbare Phase mit gemäßigtem Klima herrschte und sogar das Gerücht umging, man könne in lauen Sommernächten den Mais, die wichtigste Anbaupflanze, wachsen hören. Optimismus machte sich breit, und der »Brotkorb der Nation« entstand, begünstigt durch die irrige Annahme, dass dem Pflug der Regen folge.

Doch spätestens ein Klimawandel in den 1930/40ern setzte der Euphorie ein Ende. Der »Dust Bowl« entstand, als immer häufiger heftige Staubstürme, sogenannte Black Blizzards, über die Prärie fegten, ohne den ersehnten Regen zu bringen. Ernten wurden vernichtet, und Rinder starben an Staub und Austrocknung. Ganze Siedlertrecks zogen nach Westen, wie John Steinbeck in seinem berühmtesten Werk, »Die Früchte des Zorns«, am Beispiel der Familie Joad aus Oklahoma eindrucksvoll beschrieb. Dafür erhielt er 1940 den Pulitzerpreis. Bis 1936 hatten rund 650 000 Farmer im Mittleren Westen ihre Existenzgrundlage verloren.

»Wenn es jemals so etwas wie Leere im Westen gegeben hat, dann heute« – mit diesen Worten spielt der amerikanische Historiker James P. Ronda auf den Bevölkerungsrückgang und die heutige Misere in der Landwirtschaft in den Prärienstaaten an. Dort sind gerade noch zwei Prozent aller Berufstätigen in der Landwirtschaft tätig – um 1900 waren es noch 40 Prozent gewesen. Heute fährt man durch ein endloses Meer von Weizen-, Mais- und Sojabohnenfeldern, denn aus den vormals kleinen Farmen sind immer größere Betriebe geworden. Monokulturen entstanden, und die für die intensive Bewirtschaftung nötigen Investitionen in Bewässerungssysteme, Geräte, Dünger, Schädlingsbekämpfung und Hochleistungssaatgut schaukelten sich hoch.

In den letzten 20 Jahren sind verstärkt Industriebetriebe in die Landwirtschaft eingestiegen, und heute betreiben Großfarmen Agrobusiness. Fleisch-, Konserven- und andere Nahrungsmittelhersteller, aber auch Ölkonzerne kauften Farmland auf, und

»Hokahe – auf geht's!« –, immer wieder ruft der Master of Ceremonies Drums und Tänzer auf, in Aktion zu treten. Wenn das monotone Trommeln während des alljährlich Anfang September stattfindenden großen Powwow des United Tribes College in Bismarck/North Dakota dann das weite Rund der offenen Tanzarena erfüllt und bunt gekleidete und überreich geschmückte Krieger im Rhythmus der Musik zu tanzen beginnen, scheint es, als sei die Zeit zurückgedreht worden in jene Tage, als die »Warriors of the Plains« noch das endlose Grassland Nordamerikas beherrschten.

Prächtige Adler-Federhaube, bemalter Oberkörper, Leggins und Lendenschurz – während der zahlreichen Powwows, Zusammenkünfte und Tanzwettbewerbe in einem, präsentieren sich viele Prärie-Indianer so, wie es Hollywood-Filme, Erzählungen Karl Mays oder Gemälde Karl Bodmers schildern. Dennoch sind diese Powwows in den letzten Jahren zum Ausdruck eines neu erwachten Selbstbewusstseins der nordamerikanischen Ureinwohner geworden.

Die Einführung des Pferdes um die Mitte des 18. Jahrhunderts hatte die spezifische Lebensweise der Prärie-Indianer erst möglich gemacht. Einerseits bildeten sich nomadische Stämme wie die Sioux, Crow, Cheyenne oder Blackfoot heraus, die fast ausschließlich von der Bisonjagd lebten, andererseits Halbnomaden wie Mandan und Hidatsa am Missouri oder Nez Perce auf dem Columbia-Plateau. Ihr Lebensunterhalt beruhte sowohl auf der Jagd als auch der Landwirtschaft. Zur dominanten Macht unter den Prärie-Indianern entwickelten sich die Sioux – kein homogenes Volk, sondern vielmehr ein loser Zusammenschluss dreier sprachverwandter Gruppen: der Dakota östlich des Missouri, der Lakota oder Teton in den Weiten der Great Plains und, geografisch zwischen beiden gelegen, der Nakota. Berühmt wurden besonders die Lakota-Stämme Oglala und Hunkpapa, da sie den weißen Eindringlingen den heftigsten Widerstand entgegensetzten und als gewiefte Jäger und gefürchtete »Warriors of the Plains« galten.

Unter der Reihe legendärer Führer wie Red Cloud, Sitting Bull, Gall oder Spotted Tail gilt Crazy Horse (sein Lakota Name war Tashunka Witko) noch heute als uneingeschränkter Held der Lakota und wird im Buffalo Bill Historical Center in Cody mit einer Statue als »American Hero« geehrt. Er spielte bei der berühmten Schlacht am Little Bighorn im Süden Montanas eine tragende Rolle.

Als Teile der 7th US-Cavalry unter dem berühmt-berüchtigten General George Custer ein Indianerlager angriffen, schlugen die »Warriors of the Plains« unter Crazy Horse an jenem 25. Juni 1876 die US-Cavalry nicht nur zurück, sondern fügten ihnen auch eine vernichtende Niederlage bei.

Cowboys, Rinder, Pferde und Rodeos prägen noch heute das Leben in den Weiten des Westens.

das Ende vieler Kleinbauern war besiegelt: »The ones the wolves pull down«, so beschrieb 1990 der bekannte Countrysänger Garth Brooks die Übermacht der »Wölfe«, d. h. der Industrie und der Banken, und die Probleme der Kleinbauern.

Natur und Landwirtschaft

Auf der über 3200 Hektar großen Ranch der Harmons in Montana weiden heute fast 1000 Rinder der Rassen Angus, Limousin und Herford, knapp die Hälfte davon Kälber, zudem werden Zuckerrüben, Weizen und Alfalfa angebaut. Doch nur die Hälfte des Landes ist bewirtschaftet, der Rest wird der Natur überlassen. Und das hat seinen Grund: »Eine regenreiche Phase im 19. Jahrhundert hat den Siedlern den Blick getrübt«, erklärt Wagner, »die Prärie ist eigentlich eine Wüstenregion, in der es nur wenige Flüsse gibt. Während es im Sommer brütendheiß und extrem trocken ist und Kakteen und Yuccas wachsen, sind die Winter bitterkalt. Ohne Bewässerung geht hier gar nichts!« Keine leichte Ausgangssituation, doch mancher Farmer, wie die Harmons, haben sich damit abgefunden und ihren Betrieb diversifiziert. Sie betreiben Ranching (Viehzucht) und Farming (Feldbau). Vor ein paar Jahren wandte sich die Familie zusätzlich dem Jagd- und Naturtourismus zu und schaffte sich ein weiteres Standbein.

Wie die Rinderzucht der Zukunft aussehen könnte, zeigt Tony Malmberg, der zusammen mit seiner Frau Andrea am Rande des Red Desert, mitten in Wyoming, die Twin Creek Ranch – ebenfalls mit Gästezimmern – betreibt. Tony gilt als Experte für umweltverträgliche Rinderzucht nach dem Prinzip des »Holistic Management«. Dabei werden die Rinder auf einem begrenzten Areal gehalten und regelmäßig auf neue Weiden getrieben, nach Vorbild der Bisons, die auf Futtersuche wanderten. So wird eine Überweidung des Landes vermieden und die Gräservielfalt gefördert. Letzteres kommt wiederum der Fleischqualität zugute, zumal die Tiere keinerlei Zusatzfutter erhalten.

The Daddy of 'em All

»Hell on Wheels«, die Hölle auf Rädern, nannte man einen der legendären Haltepunkte an der ersten transkontinentalen Eisenbahnstrecke: das 1867 aus einigen Holzhütten entstandene Cheyenne im Südosten Wyomings. Als einer der Hauptumschlagplätze von Rindern zu den Schlachthöfen in Chicago bestimmten hier die großen

Cowboy par excellence: Tom Lucas.

Blick auf die »Needles« im Custer State Park mitten in den Black Hills von South Dakota.

Rinderzüchter das wirtschaftliche und soziale Leben, bis 1886/87 ein verheerender Winter die meisten Herden vernichtete. Zwar verlor Cheyenne seine Bedeutung als Viehumschlagplatz nie ganz, doch als Hauptstadt Wyomings wandelte sich das vormalige »Kuhdorf« ab 1890 zunehmend zum Verwaltungszentrum. Dass heute noch Wildwest-Flair erhalten ist, wird an einigen Besichtigungspunkten deutlich, vor allem aber während der Cheyenne Frontier Days, einem der bedeutendsten Rodeos Nordamerikas. Staub wirbelt auf, es riecht nach Rindern, Pferden, Leder und Dung, Cowboyhüte und -stiefel, Buckles und Jeans so weit das Auge reicht. Countrymusic dröhnt aus den Lautsprechern – seit 1897 bestimmen im Juli zehn Tage lang Cowboys und -girls das Leben in Cheyenne. Hauptprogrammpunkt der Cheyenne Frontier Days stellt das weltgrößte Outdoor-Rodeo dar, doch als Rahmenprogramm gibt es auch Umzüge, ein Budendorf und Countrymusic-Konzerte. Wer nicht während des Rodeos da sein kann, hat immerhin Gelegenheit, gleich neben der großen Rodeo Arena im Frontier Park das Old West Museum zu besuchen. Dort sind neben Wechselausstellungen Kutschen, Sättel und anderes Cowboy- und Rodeo-Zubehör zu sehen, und der Besucher erfährt alles über die Cheyenne Frontier Days, die als »Daddy of 'em All«, in die Geschichte eingegangen sind.

»No. 1 Western Town of America«

An der langen Bar lehnen lässig ein paar Cowboys, die Bierflasche in der Hand. Der Barkeeper putzt gelangweilt Gläser, im Hintergrund klimpert lustlos ein Pianist – plötzlich Hufgetrappel, die Schwingtür springt auf und kein Geringerer als Buffalo Bill reitet auf seinem Pferd in den Saloon und brüllt: »Whiskey für alle – Bier für mein Pferd!« So muss man es sich vorstellen, wenn sich vor rund 100 Jahren der legendäre William Cody in Sheridan, mitten in den Weiten des US-Bundesstaats Wyoming, die Ehre gab. Seine alte Lieblingsbar gibt es heute noch, sie ist die Attraktion des historischen Hotels Sheridan Inn, an dessen Entstehung der alte Haudegen ebenso maßgeblich finanziell beteiligt war wie am Irma Hotel im einige Autostunden westlich gelegenen Ort Cody.

Das »Sheridan Inn« und Buffalo Bill haben die 16 000-Einwohner-Ortschaft Sheridan berühmt gemacht. Doch sie allein waren nicht ausschlaggebend dafür, dass das Städtchen 2006 vom *True West Magazine*, dem maßgeblichen Magazin zur Geschichte des Westens und seinem Fortleben in der Moderne, zur »No. 1 Western Town of America« gewählt wurde. Ein Gremium von Herausgebern, Journalisten, Historikern und Tourismusexperten war begeistert von den historischen Vierteln, von der Zahl der Western Events auf dem Veranstaltungskalender sowie von den vorbildlichen Restaurierungsmaßnahmen im Ort. Zusammen mit einigen sehenswerten Museen – wie der Trail End State Historic Site – und Dan King's Saddlery & Museum ist Sheridan ein Stück lebendiger Westen und nicht nur oberflächlich aufpolierte Fassade und Touristenkitsch.

Der zweite, eng mit Buffalo Bill verbundene Ort Cody war 1901 von dem Western-Showstar mitbegründet worden und fungiert heute als »Gateway to Yellowstone«. Herausragend in dem 9000-Einwohner-Städtchen ist das Buffalo Bill Historical Center. Aus mehreren Einzelmuseen bestehend, gehört es zu den sehenswertesten und größten Komplexen der Kultur, Kunst und Geschichte des Westens. Kernstück ist das Buffalo Bill Museum, das Cody Firearms Museum zeigt eine beachtliche Waffensammlung und die Whitney Gallery of Western Art Werke berühmter Wildwestkünstler. Im Plains Indian Museum wird eine modern gestaltete Einführung in das Leben der Prärie-Indianer gegeben und das Draper Museum of Natural History informiert über Flora und Fauna des Westens.

Ausritt im Rough Rider Country

Hat man einmal den Missouri River in Bismarck, der Hauptstadt von North Dakota, überquert, zeigt in West River die Prärie ihr wahres Gesicht. Sie wird immer wieder durchbrochen von den sogenannten Badlands, tief in die Gesteinsschichten eingeschnittenen Tälern. Seit jenen Tagen, als die Büffel die Ebenen und Canyons bevölkerten, scheint sich hier kaum etwas geändert zu haben. Ein idealer Ort, um zum Beispiel auf einer Guest Ranch den Alltag hinter sich zu lassen und Cowboy oder -girl auf Zeit zu werden. Reittrails ziehen sich durch die Landschaft, und speziell die Killdear Mountains und die Region in und um den Theodore Roosevelt National Park gelten als Geheimtipps unter Reitern. »Rough Rider Country« nennt man den Landstrich im Grenzgebiet zwischen North und South Dakota und dem Osten Montanas. Der Name erinnert an eine Spezialtruppe des späteren Präsidenten Theodore Roosevelt, die sich hauptsächlich aus Cowboys aus den Dakotas rekrutierte und im Spanisch-Amerikanischen Krieg 1898 von ihm befehligt wurde. Hauptort des Rough Rider Country

Mehr Rinder als Cowboys gibt es in den Weiten des Westens, hier bei Lander/Wyoming.

Stolz auf Geschichte und Traditionen sind die »Warriors of the Plains«, hier Mitglieder der Crow.

ist Dickinson, das mit seinen rund 17 000 Einwohnern bereits als Großstadt gilt. Schließlich gibt es im Staat North Dakota mehr Rinder und Pferde als Menschen: Rund 640 000 Menschen stehen fast einer Million Rinder und Zehntausender von Pferden gegenüber.

Hauptattraktion der Region ist der Theodore Roosevelt National Park. In dieser faszinierenden Landschaft, wo der Little Missouri River einen tiefen Canyon in die hochgelegenen Great Plains gefräst hat, versuchte sich einst der spätere Präsident Roosevelt mit der Rinderzucht. Er war 1883 zum Jagen gekommen und ging 1901 als Horseman und Rancher, um ins Weiße Haus einzuziehen. Der Park gliedert sich in einen Nord- und einen Südteil, wobei der nördliche Teil weniger stark frequentiert ist. Hier ist der Canyon schmaler, wirkt dadurch dramatischer und eindrucksvoller, andererseits präsentiert sich der Südabschnitt vielseitiger und ist voller Leben. Mit Glück bekommt man hier sogar Bisons und Mustangs vor die Kameralinse. Wäre es nach dem französischen Adeligen Marquis de Mores gegangen, wäre Medora die Rindermetropole des Mittleren Westens geworden. Er war 1882 in die Region gekommen und hatte geplant, einen riesigen Schlachthof aufzubauen, von dem aus das zerlegte Rindfleisch, anstelle Lebendvieh, in Kühlwagen an die Ostküste geschafft werden sollte. An sich eine gute Idee, die letztlich am großen Viehsterben Mitte der 1880er-Jahre einerseits und am Widerstand der etablierten Schlachthäuser im Osten, vor allem in Chicago, andererseits scheiterte. Immerhin blieb der Ort, benannt nach der Gattin des Marquis, Medora, bestehen, ebenso das Wohnhaus der Familie, das Château de Mores. Dieses für die Region und die Zeit hochherrschaftliche Holzhaus ist vor allem während der »Reenactments« eine Hauptattraktion von Medora. Dort geht es im Sommer heiß her, und die Zahl von gut hundert Einwohnern erhöht sich um ein Vielfaches, im Winter herrscht Ruhe. Ein absolutes Muss im Besuchsprogramm sind die North Dakota Cowboy Hall of Fame und das Medora Musical, ein Western-Varieté im Broadway-Stil, das im malerisch über den Badlands gelegenen Burning-Hill-Amphitheater aufgeführt wird.

He Sapa, die heiligen Berge der Sioux

Die Black Hills, die Schwarzen Hügel, liegen im äußersten Westen von South Dakota und bilden als geologische Einheit eine für diese Prärieregion untypische Landschaftsform. Die Sioux gaben den Bergen ihren Namen. »He Sapa« deshalb, weil sich ihre Konturen aus der Ferne dank der dichten Kiefernwälder als schwarze Horizontlinie abzeichnen. Für die Lakota, eine Untergruppe der Sioux, sind die Black Hills bis heute ein heiliger Ort.

Eigentlich waren die Berge den Sioux im Vertrag von Laramie 1868 von den USA auf ewig zugesichert worden, doch dann machten Gerüchte um Goldfunde die Runde. 1874 sollte eine Militärexpedition unter George A. Custer nicht nur die Region erkunden, sondern auch den Gerüchten nach Goldfunden nachgehen. Man fand tatsächlich Spuren des Edelmetalls – und das Schicksal nahm seinen Lauf. Zwar versuchte die US-Armee einen Goldrausch zu verhindern, da das Land den Sioux zugesichert worden war, doch am Ende siegte die Gold- und Geldgier. Bekanntlich setzten sich die Sioux vehement zur Wehr und konnten sogar einige militärische Erfolge, wie 1876 am Little Bighorn River, verbuchen. Am Ende mussten sie sich allerdings der geballten Militärmacht beugen und in Reservate ziehen. Die Sioux haben die Black Hills als Heimat verloren, wenngleich sie ihnen nach dem Vertrag von 1868 immer noch zustehen. Zwar stehen Teile der Black Hills heute unter Naturschutz, doch die Indianer müssen dennoch wieder, zusammen mit Ökologen, um ihre heiligen Berge und deren Schutz kämpfen. Uran wurde hier entdeckt und soll in großem Stil abgebaut werden. Wie problematisch der Tourismus in Naturarealen werden kann, zeigt auch der Devils Tower am Nordwestrand der Black Hills. Von der Form her an einen Baumstumpf erinnernd und mit seinen charakteristischen senkrecht verlaufenden Rinnen kurios anmutend, ragt er fast 400 Meter über ein Hochplateau heraus und ist daher weithin sichtbar. 1906 zum ersten National Monument der Welt erklärt, ist dieser Berg den Plains-Indianern noch heute heilig – sie nennen ihn Bear Tower. Immer noch finden hier religiöse Zeremonien statt, und immer wieder kommt es zu Konflikten mit den sich einfindenden Kletterern. Bisher wird zumindest im Juni, während der indianischen Hauptfeste, ein freiwilliger Kletterverzicht von der Parkverwaltung empfohlen.

Vier Präsidenten im Fels

Eine Reise durch die Black Hills lohnt wegen historischer Orte wie Deadwood, Sturgis oder Custer, wegen der Bergwelt und des Custer State Park mit seiner Bisonherde. Es gibt Wandertrails und Scenic Roads, so die Iron Mountain Road oder den Needles Highway, und wer möchte, kann fischen, Boot fahren oder reiten. Hobby-Höhlenforscher finden die Jewel oder Wind Caves spannend, und für paläontologisch Interessierte stellt die Mammoth Site in Hot Springs ein Highlight dar.

Zwei Attraktionen in der Region sind jedoch weltbekannt: das Mount Rushmore National Monument und das Crazy Horse Memorial. An einem der höchsten Punkte der östlichen

Moderne und Tradition, Tipis und Pickups – die Nachfahren der Prärie-Indianer haben damit kein Problem.

Mount Rushmore und die »vier Präsidenten in Stein«.

Black Hills wurden weithin sichtbar während der 1930er-Jahre die Konterfeis der vier bedeutendsten Präsidenten der USA – George Washington, Thomas Jefferson, Abraham Lincoln und Theodore Roosevelt – aus dem Fels gesprengt und geschlagen. Seither zählt Mount Rushmore zu den beliebtesten Ausflugszielen, Pilgerorten und zu den meistfotografierten Sehenswürdigkeiten Amerikas. Bereits im 19. Jahrhundert hatte es Pläne für eine überdimensionale Felsskulptur im Westen gegeben, doch erst 1923 entschied man sich für die Black Hills und 1925 für den Bildhauer Gutzon Borglum (1867–1941). Er hatte bereits das Felsbild am Stone Mountain bei Atlanta geschaffen und sollte nun die Stärke und Bedeutung der amerikanischen Nation zum Ausdruck bringen. Borglum entschied sich für jene vier Präsidenten, die Amerika aus dem Kolonialismus ins 20. Jahrhundert geführt hatten und damit der Bestimmung des Monuments als »Shrine of Democracy« gerecht wurden.

Als Hintergrundkulisse wählte Borglum den sonnenbeschienenen Südhang des 1718 Meter hohen Mount Rushmore. 1930 begann der Künstler mit der Arbeit am Fels – das erste fertiggestellte Porträt war das von George Washington. Als Borglum 74-jährig im März 1941 starb, setzte sein Sohn Lincoln das Werk fort. Er beschloss jedoch, die Oberkörper der Staatsmänner wegzulassen, und so konnte das Monument im Oktober 1941 offiziell eingeweiht werden.

Denkmal für die Ureinwohner

Als im Jahr 1939 die Arbeiten am Mount Rushmore bereits in vollem Gange waren, entschloss sich der Häuptling der Lakota-Sioux, Henry Standing Bear, ebenfalls ein Erinnerungsmal in Auftrag zu geben: Zu Ehren der Indianer sollte an der Südwand des Thunderhead Mountain, etwa 30 Kilometer südwestlich von Mount Rushmore, ein Reiterdenkmal für den legendären Crazy Horse entstehen. Er hatte 1876 General Custer am Little Bighorn besiegt und war wegen seiner geschickten Kriegsführung als der »Clausewitz der Indianer« in die Geschichte eingegangen. Als Bildhauer wählten die Lakota Korczak Ziolkowski (1908 bis 1982), der als Assistent am Mount Rushmore tätig gewesen war. Der Künstler zeigte sich von der Idee begeistert, obwohl die finanzielle Seite wenig ermutigend war. Bis heute lehnen die Indianer und die Familie Ziolkowski öffentliche Gelder ab, und lediglich Eintrittsgelder, Fonds und ein Förderverein sind die einzigen Geldquellen, auf die sich das monumentale Vorhaben stützt. Das Werk ist zwar noch immer nicht vollendet – man hat mittlerweile nach Fertigstellung des Porträts mit der Ausführung des ausgestreckten Arms und des Pferdekopfes begonnen –, doch der Zustrom im modern aufgemachten großen Besucherzentrum mit Museum, Theater, Restaurant und Shop will dennoch nicht abreißen.

»Blaue Bohnen« in Deadwood …

Westernlegenden wie Wild Bill Hickock, Calamity Jane oder Seth Bullock waren in Deadwood, das im Zuge des Goldrausches von 1874 entstanden war, zu Hause. Bis heute weht ein Hauch Wildwest durch die Straßen, und auch dem Ruf als einstmals berüchtigte Vergnügungsmetropole wird man noch heute gerecht. Hinter den renovierten Fassaden der alten Bauten verbergen sich heute Spielcasinos. Auf diese Idee waren die Stadtväter in den 1980ern gekommen, als die Stadt zur

Geisterstadt zu verkommen drohte. Durch die Legalisierung des Gambling sollten Besucher angelockt werden – um mit deren ausgegebenem Geld die historischen Bauten zu renovieren. Angezogen durch die TV-Serie »Deadwood« pilgern mehr und mehr Besucher in den Ort. Den legendären alten Saloon 10, in dem Wild Bill Hickock 1876 erschossen wurde, gibt es nicht mehr. An seiner Stelle steht die Eagle Bar mit kleinem Museum. Dafür ist Wild Bills Grab auf dem Mount Moriah Cemetery auf dem Boot Hill original. Hier fanden aber auch andere Wildwest-Legenden wie Potato Creek Johnny, Preacher John oder Marshall Seth Bullock ihre letzte Ruhe. Neben Wild Bill liegt die legendäre Martha »Calamity Jane« Canary begraben. Goldsucherin, Kartenspielerin, Krankenschwester und Prostituierte in einer Person, war sie für ihre »Schlagkraft« und ihre Flüche berühmt-berüchtigt. Felsenfest hielt sie das Gerücht am Leben, dass sie mit Wild Bill ein Verhältnis gehabt hätte. Als Calamity Jane 1903 starb und neben ihm bestattet wurde, soll sich der Westernheld im Grab umgedreht haben. In welche Richtung, weiß allerdings niemand …

Neueste Attraktion ist das etwas außerhalb gelegene, von Kevin Costner finanzierte sehenswerte Informationszentrum »Tatanka – Story of the Bison«, wo man alles über das Wappentier der Prärie, den Bison, aber auch über die hier lebenden Lakota erfährt. Auf dem Freigelände wurde mit lebensgroßen Bronzefiguren der lokalen Künstlerin Peggy Detmers auf dramatische Weise eine Bisonjagd nachgestellt. Im Zentrum selbst geht es anhand von Schautafeln, Modellen, aber auch Führungen und Vorträgen von Indianern, Filmen und anderen Medien zum Anfassen intensiv um die Büffel und ihren Lebensraum.

… und dröhnende Motoren in Sturgis

Eigentlich ist Sturgis ein verschlafenes Nest. Nur einmal im Jahr ist hier die Hölle los: Anfang August, wenn sich über 100 000 Harley-Davidson-Fahrer einfinden und, seit den 1930ern, initiiert vom lokalen Motorradclub, ein rauschendes Fest feiern. Dann dröhnt in den Bergen das Echo der röhrenden Motoren, und die Prärie ist von schweren Bikes bevölkert. Etliche der passionierten Biker kommen extra hierher, um zu heiraten. Denn was ein echtes Harley-Pärchen sein will, heiratet erst, wenn es die Anreise und die kurvenreiche Tour durch die Black Hills gemeinsam durchgestanden hat.

Wie es einst die Vorfahren taten: Rückzug in die Ruhe und majestätische Weite der Landschaft der Black Hills.

50

Daten und Fakten

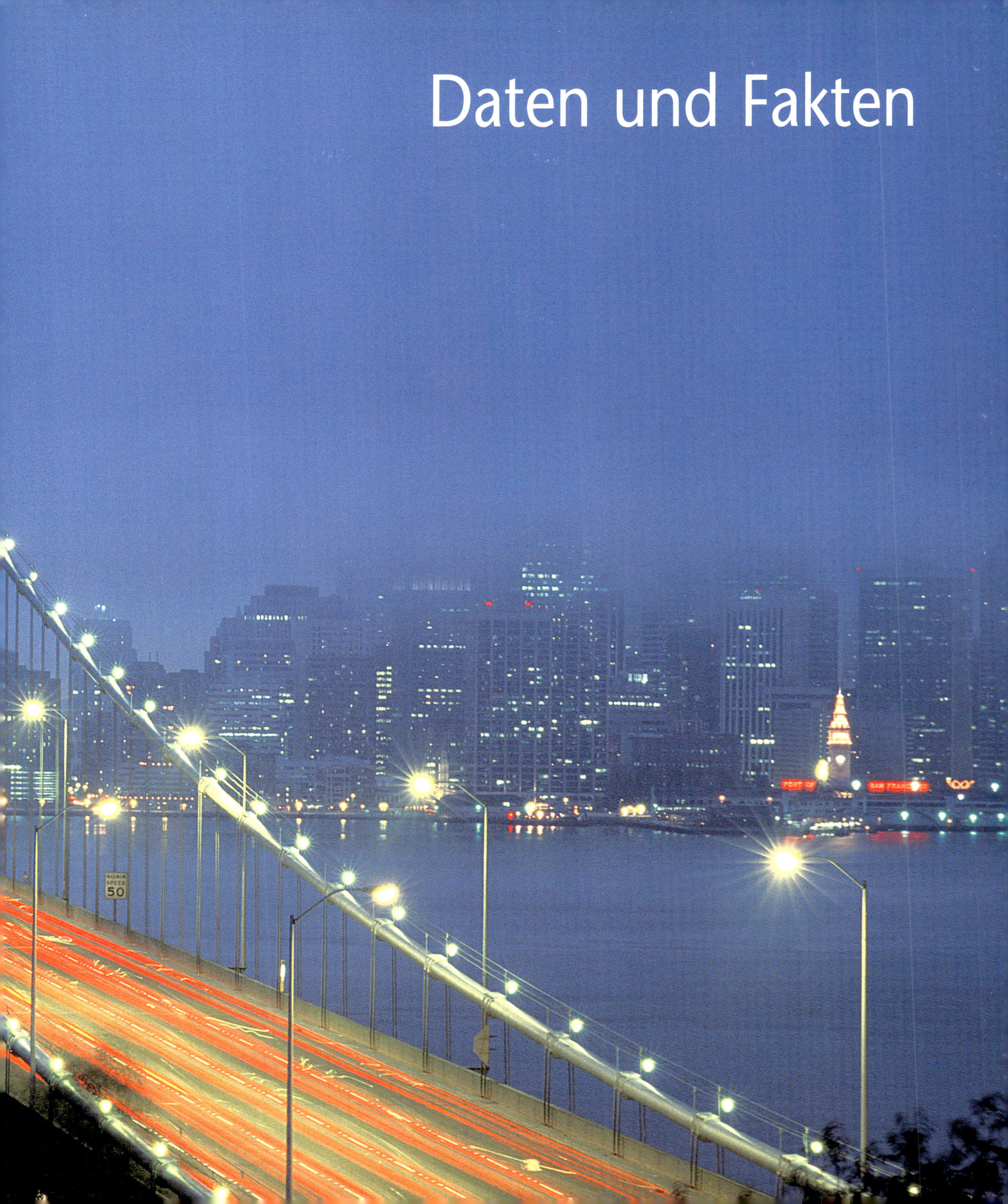

Zeittafel

700 n. Chr.
Im Südwesten siedeln die Indianervölker der Anasazi, Sinagua, Hohokam, Salado und Mogollon.

ca. 1150–1250
Eine Dürreperiode veranlasst diese Indianer, ihre Täler zu verlassen und sich in Höhlen und Canyons zurückzuziehen. Um 1300 werden auch diese Siedlungen verlassen.

1542
Juan Rodríguez Cabrillo, portugiesischer Seefahrer in spanischen Diensten, erforscht als erster Europäer die kalifornische Küste.

1598
Spanische Siedler errichten beim heutigen Santa Fe die erste europäische Niederlassung im Südwesten.

1610
Santa Fe wird als Hauptstadt der spanischen Provinz Nuevo Mexico gegründet.

ab 1769
Gründung von spanischen Missionen und Presidios (Militärstützpunkten) entlang der kalifornischen Küste.

1803
Mit dem Louisiana Purchase erwerben die USA von Frankreich für 15 Mio. Dollar das riesige Areal zwischen Mississippi und den Rocky Mountains.

1804–06
Die Offiziere Meriwether Lewis und William Clark führen eine Forschungsexpedition im Auftrag des Präsidenten Thomas Jefferson durch den Nordwesten.

ab 1822
Über den Santa Fe Trail gelangen Händler und Siedler aus den USA nach New Mexico und den Südwesten.

ab 1841
Tausende Siedler ziehen auf dem Oregon und California Trail ins »Gelobte Land«.

1846
Der 49. Breitengrad wird als Grenze im Nordwesten zwischen den Briten und den USA festgelegt.

1847
Die von Brigham Young geführten Mormonen lassen sich in Utah und Nevada nieder.

1848
Goldfunde in der Sierra Nevada/Kalifornien lösen einen Goldrausch aus.

1846–1848
Nach dem Amerikanisch-Mexikanischen Krieg muss sich Mexiko aus dem Südwesten zurückziehen.

1869
Vollendung der ersten transkontinentalen Eisenbahnstrecke.

1876
Bei Little Bighorn/Montana fügen die Sioux unter Crazy Horse und Sitting Bull der 7th US Cavalry unter George A. Custer eine Niederlage zu.

1881
In Tombstone/Arizona findet die berühmte Schießerei im O.K. Corral statt.

1886
Geronimo ergibt sich – der Freiheitskampf der Apachen ist zu Ende.

1890
Am 29. Dezember richtet die 7th US Cavalry unter friedlichen Sioux-Indianern bei Wounded Knee/South Dakota ein Massaker an. Das Ende der »Indianerkriege« ist besiegelt.

1906
Ein gewaltiges Erdbeben erschüttert am 18. April San Francisco, und der anschließende Großbrand zerstört vier Fünftel der Stadt.

1917
William Frederick »Buffalo Bill« Cody stirbt 70-jährig.

1931–1940
Die Entstehung des »Dust Bowl« vertreibt die verarmte Landbevölkerung aus dem Mittleren Westen nach Kalifornien, wo viele einen Neuanfang wagen.

1945
Zündung der ersten Atombombe auf dem Versuchsgelände bei Alamogordo/New Mexico.

1967
»Summer of love« in San Francisco.

2002
Olympische Winterspiele in Salt Lake City/Utah.

Buffalo Bill, Indianer und Regierungsbeamte 1890.

Los Angeles Free Harbor Jubilee 1899.

Top-Ten

Natur pur
Landschaften und Naturschauspiele sind die Hauptattraktion des Westens. Ganz gleich, in welcher Ecke man unterwegs ist, ein National oder State Park ist nie weit: Yosemite, Redwoods, Death Valley, Grand Canyon, Yellowstone, Badlands – jeder Park ist auf seine Weise faszinierend. Dazu kommen weniger bekannte sehenswerte Attraktionen wie die Shasta Cascades, die Badlands oder der Lake Tahoe.

Powwows
In den letzten Jahren erleben die indianischen Nationen eine Renaissance: Man erinnert sich wieder der alten Bräuche und Traditionen, der Sprache und Geschichte. Davon kann man sich während der zahlreichen Powwows (www.powwows.com), traditionellen Tanzwettbewerben, wie jenem der United Tribes International Powwow in Bismarck, überzeugen (www.unitedtribespowwow.com).

»Here they come«
Vor 100 Jahren beinahe ausgerottet, zieht inzwischen wieder eine halbe Million Bisons über die Prärie. Hautnah erleben kann man eine große Herde beim alljährlichen Buffalo Round-up im Custer State Park (SD). Im Herbst werden die hier frei lebenden Tiere von den Parkrangern zusammengetrieben, um gesichtet und geimpft zu werden (www.custerstatepark.info).

Der »Wilde Westen« lebt
In vielen kleinen Ortschaften lebt der »Wilde Westen« fort, nicht nur während der Rodeos. Zu den legendärsten gehören die Cheyenne Frontier Days in Cheyenne (WY) oder das Pendleton Round-up (OR). Zu den sehenswerten Westerntowns zählen Sheridan (WY), Cody (WY), Durango (CO), Tombstone (AZ) oder Deadwood (SD).

Insel-Hopping im Puget Sound
Im Puget Sound vor Seattle im äußersten Nordwesten liegen unzählige Inseln und Inselchen. Auf einer Fähre, oder bei schönem Wetter auch mit einem Kajak, lassen sich die San Juan Islands erkunden oder das Tillicum Village auf Blake Island besuchen (www.wsdot.wa.gov/ferries).

Highway to Heaven
Viele träumen von einer Fahrt auf der legendären Route 66 von Chicago quer durch den Westen nach Los Angeles. Wer jedoch einmal auf dem Pacific Coast Highway (US Hwy. 1/101) der Pazifikküste gefolgt ist, wird diese Reise auf dem »Highway to Heaven« nicht mehr vergessen. Speziell die Abschnitte zwischen Big Sur und der Monterey Bay in Kalifornien sowie entlang der Oregon Coast sind besonders zu empfehlen.

Süffige Rebensäfte
Das Mekka aller Weinfreunde ist das Napa Valley nördlich von San Francisco. Weniger überlaufen, aber ebenfalls voller Überraschungen stecken das benachbarte Sonoma County oder auch die Weingebiete in Oregon (Willamette Valley) und im Staate Washington (Yakama, Walla Walla). Weine dieser Regionen sind auch in Deutschland erhältlichbei der Weinhalle in Nürnberg (Tel. 0911/525153, www.weinhalle.de).

Souvenirs
Wie wäre es mit einem Cowboyhut oder mit Boots als bleibendem Souvenir aus dem Westen?
Die über den gesamten Westen verteilten Filialen von »Corral West« (www.corralwest.com) bieten zahlreiche Schnäppchen, ebenso Rockmount Ranch Wear in Denver (www.rockmount.com).

Gaumenfreuden
Steaks vom Rind oder Bison, Meeresfrüchte und Lachs, Biogemüse, Sauerteigbrot oder Tortillas, ein frisch gezapftes Bier? Der Westen ist insgesamt ein kulinarisch vielseitiger Garten Eden und San Francisco ist seine Krönung, wie man z.B. bei den Local Tastes of the City Tours (www.sffoodtour.com) feststellen kann.

Buchtipp
Von den Autoren sind im Iwanowski's Reisebuchverlag das Reisehandbuch »USA–Nordwesten« sowie im Reise Know-How Verlag ein regelmäßig aktualisierter City Guide »San Francisco«, beide mit vielen hilfreichen Adressen, Hintergrundinfos und Routenvorschlägen, erschienen.

Cannon Beach an der Pazifikküste Oregons.

Ron Hawks, angesehener Lakota-Indianer.

Pendleton Round-up
Seit 1910 gehört das Pendleton Round-up im gleichnamigen Ort im Nordosten Oregons zu den legendären Rodeos im Westen mit dem altehrwürdigen Rodeostadion. Die besondere Atmosphäre des Rodeos geht einher mit einer Parade, einer Open-Air-Theateraufführung und einem Powwow der lokalen Indianer (www.pendletonroundup.com).

Great American Beer Festival
Während des Great American Beer Festivals, das alljährlich im Oktober in Denver (CO) stattfindet, kann man sich davon überzeugen, dass in den USA bestes Bier gebraut wird. Drei Tage lang präsentieren an die 400 Brauereien über 1500 Biere (www.beertown.org/events/gabf/index.htm).

Sturgis Motorcycle Rally
Anfang August treffen sich seit den 1930ern zwei Wochen lang über 100 000 zumeist Harley-Davidson-Fahrer zur Sturgis Motorcycle Rally im gleichnamigen Ort am nördlich Rand der Black Hills in South Dakota – mitten in der Weite der Prärie (www.sturgismotorcyclerally.com).

Buffalo Bill Days
Wenn Buffalo Bill Cody einmal dem Trubel entgehen wollte, dann zog er sich nach Sheridan, in ein Städtchen zu Füßen der Bighorn Mountains in Wyoming, zurück. Im dortigen »Sheridan Inn« traf er Freunde und stellte seine Wild West Show zusammen. Heute erinnert die Wild-West-Stadt aus dem Bilderbuch alljährlich im Sommer während der Buffalo Bill Days an alte Zeiten (www.buffalobilldays.org).

Cheyenne Frontier Days
Neben dem Pendleton Round-up und der Calgary Stampede gelten die im Juli abgehaltenen Cheyenne Frontier Days in der gleichnamigen Hauptstadt Wyomings als das größte Cowboy- und Rodeofestival Nordamerikas (www.cfdrodeo.com). Für ein paar Tage wird der »Wilde Westen« wieder lebendig – ein Muss für jeden Western-Fan!

United Tribes International Powwow
Powwows, früher in erster Linie eine Zusammenkunft von Sippen und Clans, heute vor allem ein gut dotierter indianischer Tanzwettbewerb, erleben in den letzten Jahren eine große Renaissance. Zu den größten gehört das United Tribes International Powwow in North Dakotas Hauptstadt Bismarck. Auf dem Campus des indianischen United Tribes Technical College treffen sich vier Tage lang die besten indianischen Tänzer (www.unitedtribespowwow.com).

Im Ballon über die Roten Felsen
Die Red Rocks bei Sedona, mitten in Arizona gelegen, sind schon vom Boden aus atemberaubend. Übertroffen wird dieses Naturschauspiel noch durch eine Heißluftballon-Fahrt (www.northernlightballoon.com oder www.redrockballoons.com).

Historische Zugfahrt
Eisenbahnen spielten in der Entwicklung des Westens eine zentrale Rolle, viele sind verschwunden, einige werden von fleißigen Helfern immer noch betrieben. Zu den legendären Eisenbahnen gehören die Durango & Silverton Narrow Gauge Railroad (www.durangotrain.com) in den Rockies (CO) oder der 1880 Steamtrain (www.1880train.com) in den Black Hills (SD).

Castro Street Fair
Auf den Straßen San Franciscos ist eigentlich immer etwas los: Chinese New Year, Cherry Blossom Festival, Cinco de Mayo oder Jazz Festival – der Terminkalender ist prallvoll. Zu den ungewöhnlichsten Festen gehört die Castro Street Fair Anfang Oktober mitten im gleichnamigen Schwulen- und Alternativen-Viertel (www.castrostreetfair.org).

Feuerwehr-Parade in Mt. Shasta/Kalifornien ...

... und Eröffnungsparade beim Rodeo.

Wissenswertes zu den Regionen des Westens

Der pazifische Nordwesten

Der pazifische Nordwesten, Oregon und der Bundesstaat Washington, wird von drei Landschaften geprägt: der waldreichen Küste, dem Vulkangebirge der Kaskaden und der Halbwüste des Columbia Plateaus. Abgesehen vom Naturerlebnis fehlen auch malerische Ortschaften wie Bend, Florence, Newport, Astoria oder Spokane nicht. Dazu kommen die Metropolen Portland und Seattle, die zu den schönsten Städten Nordamerikas gehören.

Tipp

Portland gilt dank der Kneipen und Brauereien als eine der wichtigen Bierstädte der Welt (www.portlandbeer.org), hier befindet sich aber auch der größte Buchladen der Welt, Powell's City of Books (www.powells.com).

Der »Golden State« Kalifornien

Vielfach verbindet man mit Kalifornien altbekannte Stereotypen: Sonne, Strand, Meer, Yosemite, Hollywood, San Francisco. Doch wer einmal hier gewesen ist, weiß, dass es kaum einen zweiten Flecken auf der Erde gibt, der eine derartige Vielfalt aufweist wie der »Golden State«. Und das gilt nicht nur für Klima und Landschaft, sondern auch für die Menschen und die Städte. Allein San Diego, Los Angeles, Sacramento oder San Francisco sind eine Reise wert.

Tipp

Eine Kajaktour mit kompetenter Führung und allem Zubehör, in der Tamales Bay am Rande der Pt. Reyes National Seashore hinterlässt tiefe Eindrücke (www.pointreyesoutdoors.com); zum Übernachten empfiehlt sich Point Reyes Lodging (www.ptreyes.com), speziell Ferrando's Hideaway (www.ferrando.com).

Das Land der Kontraste

Die Pazifikküste und das legendäre Las Vegas stehen in der Besuchergunst ganz oben. Doch das Hinterland zwischen Kalifornien und Nevada ist ebenfalls nicht zu verachten. Berühmte Landschaften wie das Palm Desert, Erholungsoase der Hollywood-Stars, der Joshua Tree National Park mit seinen »stillen Betern«, das berüchtigte Death Valley, der Yosemite National Park oder der Lake Tahoe, den Mark Twain begeistert als »Lake in the Sky« bezeichnete, haben ihren eigenen Reiz.

Tipp

Die Palm Springs Aerial Tramway (www.pstramway.com) bringt Besucher in Minuten von schweißtreibender Wüste auf den kühlen, 2500 Meter hohen San Jacinto Mountain. Der Ausblick auf Wüste und Berge ist spektakulär.

Das Indian Country

Der Südwesten ist geografisch relativ fest definiert: zwischen den Rocky Mountains im Osten, der Sierra Nevada im Westen, dem Colorado Plateau im Norden und der Wüstenregion an der Grenze zu Mexiko. Geprägt ist er einerseits von einer vielgestaltigen Wüstenlandschaft, zum anderen vom Multikulti der bunt zusammengewürfelten Bevölkerung, die sich in der Weite des Landes zwischen Arizona, New Mexico, Utah und Colorado fast verliert. Weil speziell die Indianer omnipräsent sind, spricht man auch vom »Indian Country«.

Tipp

In jedem ihrer Dörfer veranstalten die Pueblo-Indianer an Feiertagen Feste, um die alten Glaubensvorstellungen und Riten aufleben zu lassen. Zu diesen sogenannten Feast Days sind auch Fremde eingeladen (www. indianpueblo.org).

Die Bergwelt der Rocky Mountains

Die ersten Weißen, die die Rockies zu Gesicht bekamen, waren angesichts dieser gewaltigen Bergkette sprachlos. In der Tat ist dieses Felsengebirge, das sich von der Grenze zu Mexiko bis hinauf nach Kanada und Alaska erstreckt, einzigartig: Es gibt schneebedeckte Gipfel, dichte Wälder, grüne Täler, aber auch rauchende Vulkane und Geysire und eine vielfältige Flora und Fauna.
Zudem stößt man überall in Colorado, Idaho, Montana, Utah und Wyoming auf historische Spuren. Moderne Metropolen wie Denver oder Salt Lake City fehlen jedoch auch nicht.

Tipp

Anfang 2008 eröffnete in Super-Zentrumslage das Ritz-Carlton Denver. Über 200 mindestens 47 Quadratmeter große Zimmer und Suiten in edlem Design und mit allem Luxus ausgestattet, stehen dem Gast zur Verfügung. Dazu gehören ein Club Level (Zimmer mit Aussicht!), Fitness Club und Spa.
Im eleganten Restaurant Elway's, benannt nach John Elway, der Sportlegende des American Football und Star der Denver Broncos, dominieren Kamine, Glas und die Materialien der umgebenden Bergwelt (www.ritzcarlton.com/en/Properties/Denver/Default.htm).

Wide Open Spaces

Der Himmel scheint kein Ende zu haben in der Prärie, die sich von den Rockies bis hin zum Tal des Mississippi zwischen Montana, North Dakota, South Dakota und Wyoming erstreckt. Diese »Wide Open Spaces«, diese endlose Weite im »Big Sky Country« ist es, die Besucher aus dem engen Europa in den Bann zieht. Die Prärie ist ein dünn besiedeltes Naturparadies von immensen Ausmaßen, geprägt von Viehherden und Wildnis, von Indianern und Cowboys, Ranches und Farmen. Große Städte gibt es kaum, doch die kleinen Ortschaften stecken voller Geschichten und Persönlichkeiten.

Tipp

Die den Prärie-Indianern heiligen, derzeit einzigen Albino-Bisons, »White Cloud« und ihren Sohn »Dakota Miracle«, kann man in der kleinen Herde des National Buffalo Museum in Jamestown (ND) bestaunen, wo auch einst der weltberühmte Western-Autor Louis L'Amour zu Hause war (www.buffalomuseum.com).

USA – Der Westen von A bis Z

Anreise

Flüge in den Westen gibt es in großer Zahl von unterschiedlichen Reiseveranstaltern und mit verschiedenen Airlines. Die Preise differieren abhängig von Saison, Abflugsort und Routenführung.
Broker wie www.expedia.de offerieren Flüge oft günstig, doch auch die Linienfluggesellschaften bieten, vor allem in der Nebensaison, per Internet oft zeitlich gebundene Schnäppchen an.
Lufthansa, US Airways und United Airlines, Delta sowie British Airways, Swiss, Austrian, Iceland Air und Air France fliegen von allen großen Flughäfen im deutschsprachigen Raum Seattle, Portland, Denver, Salt Lake City, San Francisco, Los Angeles und Las Vegas an, viele davon sogar nonstop.
Die Zeitverschiebung beträgt sieben bis neun Stunden. Der Jetlag ist bei meist abendlicher Ankunft in den USA nach rund 15 Stunden Flug auf dem Hinweg besser zu verkraften als auf dem Rückflug. Daher hinterher lieber einen Urlaubstag mehr einplanen.

Ärztliche Versorgung und Apotheken

Besondere Gesundheitsrisiken gibt es für USA-Reisende nicht, und an qualifizierten Ärzten (physicians) bzw. Zahnärzten (dentists) besteht kein Mangel. Namen und Adressen können leicht über die Hotelrezeption oder in den Gelben Seiten des Telefonbuchs herausgefunden werden. Im Notfall ruft man die Ambulanz (911) oder fährt zur Notaufnahme eines Hospitals (Emergency Room). Jeder Patient wird als Privatpatient behandelt, doch zu Hause erstattet die Reisekrankenversicherung gegen ausführliche Bescheinigung und Quittungen die Kosten zurück. Apotheken (pharmacies) existieren in erster Linie in Form von »Prescriptions Counters« in Drugstores. Dort und in Supermärkten gibt es preiswert und rezeptfrei ein Grundsortiment an Medikamenten.

Diplomatische Vertretungen

In Deutschland
Amerikanische Botschaft, Neustädtische Kirchstr. 4–5, 10117 Berlin, Tel. (030) 83050, Fax 238-6290; Konsularabteilung: Clayallee 170, 14195 Berlin, Tel. (030) 832-9233, Fax 831-4926; Visa: Tel. 0900-1-850055 bzw. US-Generalkonsulat Frankfurt, Gießener Str. 30, 60435 Frankfurt. Infos: http://germany.usembassy.gov

In Österreich
Amerikanische Botschaft, Boltzmanngasse 16, 1090 Wien, Tel. 01-313390, Fax 3100682; Konsularabteilung/Visa: Parkring 12, 1010 Wien, Tel. 0900-510300, Fax 5125835, www.usembassy.at

In der Schweiz
Amerikanische Botschaft, Jubiläumsstr. 95, 3005 Bern, Tel. 0900-878472 (CHF 2,50/ Min.), Fax 031-3577398, http://bern.usembassy.gov
Eine Liste aller Auslandsvertretungen im Reisegebiet findet sich auf www.auswaertiges-amt.de (D), www.bmaa.gv.at (Österreich) sowie www.eda.admin.ch (Schweiz).

Einkaufen

Es gibt zwar kein verbindliches Ladenschlussgesetz, aber dennoch sind die meisten normalen Geschäfte, vor allem außerhalb der Großstädte, nur zwischen ca. 9/10 und 18/19 Uhr geöffnet, lediglich Kaufhäuser, Einkaufszentren und Supermärkte/Drugstores länger. Zu den angegebenen Preisen kommt immer noch die Sales Tax, eine Art Mehrwertsteuer, in Höhe von 5 bis 10 % je nach Staat. Generell preiswerter sind Freizeitkleidung und -zubehör, Jeans, Sportschuhe und -artikel und gelegentlich auch technische Geräte wie Computer, Kameras oder Zubehör. Am günstigsten bekommt man vieles in sogenannten Factory Outlets oder Outlet Malls, einer Ansammlung von Shops, in denen Markenartikel zu enorm reduzierten Preisen angeboten werden.

Abfahrbereit: die Durango-Silverton Railroad.

Wer die Wahl hat, hat die Qual!

Ein Hauch Müncher Bierseligkeit herrscht im nachgebauten Hofbräuhaus in Las Vegas.

Einreise und Visum

27 Staaten, darunter Deutschland, Österreich und die Schweiz, sind am Visa-Waiver-Program (VWP) beteiligt, das für »Normaltouristen« ein Visum unnötig macht. Außer einem Rückflugticket muss der maschinenlesbare dunkelrote Europapass mit einer Restgültigkeit von mindestens 6 Monaten bzw. ein neuer e-Reisepass vorgelegt werden. Nur wer länger als 90 Tage im Land bleibt oder einer bestimmten Berufsgruppe angehört, muss sich der aufwendigen Prozedur der Visumsbeschaffung unterziehen (Infos: http://german. germany.usembassy.gov, Tel. 0900-1-850055).

Bereits beim Check-in muss ein bei der Buchung erhaltenes Formular vorgelegt bzw. per Internet übermittelt werden. Es enthält Name, Geburtsdatum, Adresse, Nationalität, Geschlecht, Passdaten sowie die erste Adresse in den USA. Im Flugzeug werden dann grüne Formulare (I-94 W) zur Befreiung von der Visumspflicht (Visa Waiver Form) bzw. weiße für Visumsbesitzer ausgeteilt, in denen erneut persönliche Daten und Angaben zur Reise erfragt werden. Zusätzlich muss pro Familie ein weißes Zollformular (Customs Declaration) ausgefüllt werden. Streng verboten ist die Einfuhr von Frischprodukten aller Art, Samen, Drogen und Medikamenten, Waffen, Tieren etc. Am Einreiseschalter (Immigration Counter) wird der Pass gescannt und der Officer stellt Fragen zu Reiseroute, Zweck der Reise, Beruf, Bekannten oder Freunden in USA, evtl. auch zum Reisebudget. Außerdem werden elektronisch Fingerabdrücke genommen und ein digitales Foto gemacht. Am Ende kommt der Stempel mit einer auf normalerweise drei Monate festgelegten Aufenthaltsdauer zusammen mit dem Abschnitt des Formulars in den Pass (Infos: www.dhs.gov/xtrvlsec). Der Nachweis der Ausreise erfolgt häufig an Selbstbedienungsgeräten, wo erneut der Pass gescannt, Fingerabdrücke und ein Foto genommen werden.

Nach der Immigration geht es am ersten Flughafen in den USA immer zum Gepäckband (baggage claim), auch wenn ein Weiterflug gebucht ist, anschließend zum Zoll (customs). Beim Ausgang mit der Aufschrift »nothing to declare« wird die Zollkarte abgegeben.

Über erlaubte Gepäckmengen informieren die Fluggesellschaften, außerdem finden sich Hinweise zu den verschärften Gepäckvorschriften und Sicherheitsbestimmungen unter www.TSAtraveltips.us.

Essen und Trinken

Über das Essen in den Vereinigten Staaten kursieren noch jede Menge Vorurteile. Um es vorweg klarzustellen: Die amerikanische Küche besteht nicht aus Hamburgern und Hot Dogs, Budweiser und Coke, und die Amerikaner ernähren sich auch zu Hause nicht ausschließlich aus Konservendosen und von Tiefkühl-Fertigkost. In den letzten Jahren hat sich das kulinarische Angebot in den USA zum Positiven gewandelt, und gerade die Pazifikküste tut sich mit ihrem Angebot an Bioprodukten, Wein, Bier, Backwaren, Meeresfrüchten und Fisch besonders hervor. Zudem: Bessere Steaks als im Westen bekommt man nirgends.

In vielen Bundesstaaten des Westens gibt es Alkohol nur in speziell lizenzierten Liquor Stores. Generell darf Alkohol nicht an Personen unter 21 Jahren verkauft und nicht in der Öffentlichkeit konsumiert werden. In Restaurants sind preiswertere Mittagskarten, »Lunch Specials«, üblich, und Reservierung ist in besseren Lokalen, besonders abends und an Wochenenden, ratsam. Es gilt das Prinzip »wait to be seated«. Man bekommt einen eigenen Tisch zugewiesen und die Speisekarte (menu) überreicht.

Die Bedienung (server) zählt die Tagesgerichte (Daily Specials) auf, anschließend kommen unaufgefordert Brot und Wasser auf den Tisch, ehe man Vorspeise (appetizer), Hauptgericht (entrée) und Nachtisch (dessert) wählt. Zur Rechnungssumme (cheque) kommt noch die tax, und man sollte unbedingt rund 15 % Trinkgeld dazuaddieren.

Feiertage

1. Januar: New Year's Day (Neujahr)
3. Montag im Januar: Martin Luther King's Birthday
3. Montag im Februar: President's Day (George Washington's Birthday – Gedenktag zu Ehren aller Präsidenten)
Ende März/April: Easter Sunday (Ostersonntag); Karfreitag (Good Friday) gilt nur eingeschränkt als Feiertag, Ostermontag ist keiner
Wochenende vor dem letzten Montag im Mai: Memorial Day Weekend (zu Ehren aller Gefallenen) – Beginn der Ferienzeit
4. Juli: Independence Day (Tag der amerikanischen Unabhängigkeit) – Nationalfeiertag
Wochenende vor dem 1. Montag im September: Labor Day Weekend (Tag der Arbeit) – Ende der Ferienzeit
2. Montag im Oktober: Columbus Day (Erinnerung an die Entdeckung Amerikas)
11. November: Veterans' Day (Ehrentag für die Militär-Veteranen)
4. Donnerstag im November: Thanksgiving Day (Erntedankfest, das große Familienfest)
25. Dezember: Christmas Day; keine Feiertage sind der Heilige Abend (Christmas Eve, Holy Night) und der 2. Weihnachtstag

Feste und Veranstaltungen

Aktuelle Veranstaltungsprogramme gibt es in Tageszeitungen oder in den Stadtmagazinen, die kostenlos in den Hotels oder Infostellen ausliegen bzw. im Internet stehen (siehe unter »Informationen«). Aktuelle Veranstaltungskalender finden sich im Internet bzw. sind in den Besucherzentren der einzelnen Städte bzw. Bundesstaaten (Welcome Center) erhältlich und können den regionalen Tageszeitungen und Szene-Magazinen entnommen werden.

Geld und Währung

Einen gewissen Dollarbetrag in der Tasche zu haben (v.a. Quarter-Münzen), ist unverzichtbar, doch ansonsten sollte man weitgehend auf größere Bargeldbeträge verzichten.
Eine Kreditkarte ist hingegen ein Muss, denn damit kauft man ein, tätigt eine Zimmerreservierung, stellt die Mietwagen-Kaution oder bestellt Tickets. Euro/Master Card und Visa werden am häufigsten benutzt. Sie sind versichert und bei Verlust oder Diebstahl sorgt ein Anruf unter der Notfallnummer (siehe Kartenrückseite bzw. Merkblatt) für Sperrung und raschen Ersatz.
In Deutschland gibt es eine einheitliche Sperrnummer: 0049-116116, vom Ausland zusätzlich 0049 (30) 4050-4050. Sie gilt mit wenigen Ausnahmen für alle Arten von Zahlungsmitteln und Banken.
Reiseschecks (Traveler Cheques bzw. Card) müssen vor der Reise bei der Bank bestellt werden und können auch in Hotels in Bargeld umge-

Letzte Vorbereitungen vor dem ersten Tanz.

Mancher Cowboy braucht heute mehr als ein PS.

tauscht und in Läden als Zahlungsmittel verwendet werden. Kleine Stückelungen von US-$ 20 oder max. 50 sind dabei von Vorteil. Preiswerter als mit der Kreditkarte lässt sich an Bankautomaten mit dem Maestro-Zeichen und mit der PIN-Nummer mit Maestro/EC-Karte Geld ziehen und auch die Post-SparCard ist an Visa-Plus-Automaten einsetzbar.

Informationen

zu den Staaten Idaho, Montana, South Dakota, Wyoming sowie North Dakota erhält man bei:
RMI (Rocky Mountains International), c/o Wiechmann Tourism Services, Scheidswaldstr. 73,
60385 Frankfurt/M.,
Tel. (069) 25538230,
Fax 25538100, E-Mail:
info@wiechmann.de,
www.rmi-realamerica.de
und.com.

zu Oregon und Washington State:
Fremdenverkehrsamt Oregon & Washington State, c/o Wiechmann Tourism Service GmbH, Scheidswaldstr. 73,
60385 Frankfurt,
Tel. (069) 25538240,
Fax 25538100,
E-Mail: info@wiechmann.de,
www.traveloregon.de und
www.experiencewashington.com.

zu Arizona, Colorado, Utah, New Mexico:
Get It Across, c/o. Albert Jennings, Neumarkt 33,
50667 Köln,
Tel. (0221) 2336 406,
Fax 2336 450,
www.getitacross.de bzw.
www.colorado.com
www.arizonaguide.com
www.utah.com,
www.newmexico.org

zu California bei:
Touristikdienst Truber,
Schwarzwaldstr. 13,
63811 Stockstadt,
Tel. (06027) 401108,
Fax 402819,
www.visitcalifornia.com.

Vor Ort helfen Welcome Center (an Staatsgrenzen), Visitor Center, Convention&Visitor Bureaus (CVB) oder Chambers of Commerce weiter. Sie halten vielerlei Broschüren, Karten u.a. Infos bereit und sind z. T. auch bei der Zimmersuche behilflich. In den viel besuchten Nationalparks empfiehlt sich Reservierung im Voraus, v.a. im Yellowstone (Xanterra Parks & Resorts, Tel. 001-(307) 344-7311, www.TravelYellowstone.com). Infos zu den Nationalparks finden sich auch unter: www.nps.gov.

Auf individuelle Touren und Unterkünfte im US-Nordwesten spezialisiert ist:
America Experience by Sareiter Reisen, Mühlbachweg 6, 83700 Rottach-Weißach, Tel. (08022) 6327, www.america-experience.de.

Notfälle

Bei Diebstahl oder Verbrechen ist im nächsten Polizeirevier Anzeige zu erstatten bzw. der Vorfall bei der betreffenden Stelle, z.B. Fluggesellschaft oder Bank, möglichst mit Nummern bzw. Kopien der entsprechenden Papiere, zu melden. Bei Verlust der Kredit-, Maestro-Karte oder der Reiseschecks muss umgehend Sperrung veranlasst werden. Meist funktioniert das unter der einheitlichen Notrufnummer 0049-116116 bzw. 0049 (30) 4050-4050. Im Notfall verhilft die Postbank (Minuten-Service) bzw. Reisebank (www.reisebank.de) rasch und unkompliziert zu Bargeld.

Post

Briefmarken sind in Postämtern (werktags 9–17 Uhr), aber auch in Automaten erhältlich, dort allerdings oft in ungünstigen Stückelungen und mit Preisaufschlag. Eine Karte nach Europa bzw. ein Standardbrief kostet (Stand Herbst 2007) 90 cent und ist im Schnitt eine Woche unterwegs.

Telefon und Internet

Telefonieren von öffentlichen Apparaten aus bietet sich nur für Ortsgespräche bzw. mit Calling Card an, da sonst zu viel Kleingeld nötig ist. Gespräche vom Hotel aus können ohne Telefonkarten teuer kommen. Calling Cards gibt es u.a. von AT&T, Sprint oder MCI, daneben existieren wiederaufladbare Wertkarten. Mobil Phones funktionieren in der Triband-Version mit dem in den USA gebräuchlichen 1900-Mhz-Band meist problemlos.
Gebührenfrei sind 1-800-, 1-888- oder 1-877-Nummern. Bei amerikanischen Telefonnummern folgt einem dreistel-

Den Schildern nach: Wandgemälde in Ely, Nevada.

Autoschild von Washington State.

In den USA ein Volkssport: Golf, hier auf einem Platz in Bend/Oregon.

ligen Area Code die siebenstellige Rufnummer, manchmal als Buchstabenkombination angegeben: 2 – ABC • 3 – DEF • 4 – GHI • 5 – JKL • 6 – MNO • 7 – PRS • 8 – TUV • 9 – WXY. Telefonieren von den USA aus: Deutschland 01149, Österreich 01143, Schweiz 01141 + Ortsvorwahl (ohne 0) + Teilnehmernummer.
Internetnutzung stellt mit Laptop und dem richtigen Provider (AOL hat z.B. ein großes Netz, d.h. es fallen oft nur Ortsgesprächsgebühren an) kein Problem dar, verbreitet ist in Hotels auch WLAN oder es gibt Business Center mit Computern. Außerdem ermöglichen Internetcafés, Bibliotheken, Buchläden u.a. öffentliche Einrichtungen gratis oder preiswert Internetzugang.

Reisezeit und Klima

Generell sind die Monate Mai bis Oktober die geeignetsten, wobei gerade im Herbst die Natur das prächtigste Farbenspiel (Indian Summer) bietet. Das Frühjahr gebärdet sich häufig launischer als der Herbst, für den längere Schönwetterperioden und höhere Wassertemperaturen sprechen. Andererseits sind die Tage im Frühjahr länger. Allerdings gelten die Wintermonate mit viel Schnee vor allem in den Rockies zunehmend als beliebte Reisezeit. Zu bedenken ist überdies, dass in der Nebensaison Flüge, Leihwagen oder Camper preiswerter sind als in der Hochsaison. Besonders während der amerikanischen Ferienzeit vom letzten Montag im Mai (Memorial Day) bis zum ersten Montag im September (Labor Day) und während des Indian Summer sind v. a. populäre Regionen überfüllt.

Spectator Sport

Ein besonderes Erlebnis ist der Besuch einer großen Sportveranstaltung, und da ist die Palette breit. Infos über die Teams der vier »großen« Sportarten American Football, Baseball, Basketball und Eishockey, aber auch über den zunehmend populärer werdenden Fußball, erhält man unter den Webpages der Profiligen: www.nfl.com, www.mlb.com, www.nba.com, www.nhl.com und www.mlsnet.com. Daneben lohnen auch die Spiele, die die universitären Sportmannschaften in verschiedenen Sportarten (College Sports) anbieten. Besonders die Basketball- und Football-Teams der Unis im Westen haben eine große Anhängerschaft.

Sport

Naturfreunde und Freizeitsportler kommen im Westen voll auf ihre Kosten. Das Angebot ist schier unübersehbar und reicht von Wassersport und Angeln über Wandern und Biking, Skifahren und Langlauf bis hin zu Schneeschuhlaufen, Golf und Tennis sowie Reiten.

Strom

Wegen der üblichen Wechselspannung von 110–115 Volt müssen von zu Hause mitgebrachte Geräte, wie Föhn oder Rasierapparat, umstellbar sein. Die andere Form amerikanischer Steckdosen erfordert zudem einen Adapter, den man ebenfalls am besten mitbringt.

Trinkgeld

»Tip« oder »gratuity« ist in den USA nicht inklusive, und die Löhne der Beschäftigten im Dienstleistungsgewerbe sind niedrig. Amerikaner achten daher immer genau auf korrektes Trinkgeld in Höhe von 15–20 % in Lokalen. Gepäckträger, Zimmermädchen und Taxifahrer erhoffen sich ebenfalls Trinkgeld.

Unterkunft

Deutsche Reiseveranstalter bieten ein breites Angebot an Stadthotels, wobei die Preise bei rund 120 $ pro DZ ohne Frühstück beginnen. Vorausbuchen ist am An- und Abreisetag empfehlenswert, ebenso wenn man in einem der empfehlenswerten Inns oder B&Bs – mit reichhaltigem Frühstück und persönlicher Betreuung in oft historischem Ambiente – oder auf einer Ranch nächtigen möchte. Diese sind zwar im Allgemeinen teurer als Motels oder Hotels, bieten dafür aber das »besondere Erlebnis« und sind vielfach in historischen Gebäuden untergebracht. Typisch für den Westen sind Guest Ranches, teils Viehfarmen mit regulärem Arbeitsbetrieb, teils rustikale Resorthotels, teils noble Unterkünfte für »City Cowboys«. Reitausflüge und -unterricht, Lagerfeuer und BBQ, Rodeos und andere Unterhaltungen sowie herzhafte Küche gehören zum Angebot dieser Ranches, die oft wochenweise mit Vollpension vermietet werden und ideal für Familien sind (Infos auch über America Experience by Sareiter Reisen, Tel. 0800-632-7000, www.america-experience.de).

Nur in Einzelfällen und bei guter Finanzlage empfiehlt sich die Buchung eines Hotelzimmers über hiesige Reiseveranstalter. Motelzimmer können – sofern frei – jederzeit bezogen werden, bei Hotelzimmern ist »check-in« meist gegen 15 oder 16 Uhr, um 18 Uhr verfällt eine Reservierung; »check-out« ist mittags. Preisgünstiger als Hotels sind meist Motels, die in der Regel gleich bei der Ankunft bezahlt werden müssen und (besonders die großen Ketten) den Hotels an Qualität kaum nachstehen. »Special Rates« und Ermäßigungen bei Vorlage von Coupons sind üblich. Große Zimmer und separate Badezimmer gehören zum Standard. Bis zu vier Personen können in einem Zimmer nächtigen (geringer Aufschlag für die dritte und vierte Person). Variabel sind die Bettenzahl und -größe, gewählt werden kann zwischen smoking und non-smoking rooms, in Motels auch zwischen first (EG) oder second (1. Stock) floor. Gediegenen Luxus und individuelle Betreuung offerieren Bed & Breakfast-Häuser englischen Stils.

Zeit

Im Westen gelten drei Zeitzonen, die Central, Mountain und Pacific Time, d. h. 7, 8 und 9 Stunden Zeitverschiebung zu Deutschland, die auch im Sommer bestehen bleibt, da auch in den USA die Zeit (3 Wochen früher) auf »daylight saving time« umgestellt wird. In den USA werden die Stunden nicht bis 24 durchgezählt, sondern in ante meridiem, abgekürzt a.m. (vormittags), und p.m. – post meridiem (nachmittags) – eingeteilt. 12 Uhr mittags heißt noon (12 p.m.), 12 Uhr mitternachts midnight (12 a.m.) Das Datum wird in der Reihenfolge Monat-Tag-Jahr angegeben, z. B. July 22, 2005 oder kurz 7-22-05.

Zoll

Gegenstände des persönlichen Bedarfs können zollfrei in die USA eingeführt werden, außerdem sind 200 Zigaretten oder 50 Zigarren, 1 l alkoholische Getränke und Geschenke im Gegenwert von $ 100 erlaubt. Lebensmittel sowie Pflanzen, Waffen und Drogen dürfen nicht eingeführt werden (Details: www.customs.gov).

Kaffee wurde an der Westküste »geboren«.

Erinnerung an den Goldrausch von 1849.

Register

Unser komplettes Programm:
www.bruckmann.de

Produktmanagement: Susanne Caesar
Textlektorat: Anke Höhne
Layout: graphitecture book, Rosenheim
Repro: Repro Ludwig, Zell am See
Umschlaggestaltung: Uhlig / www.coverdesign.net unter Verwendung eines Fotos von Christian Heeb
Kartografie: Astrid Fischer-Leitl
Herstellung: Bettina Schippel
Printed in Slovenia by MKT Print, Ljubljana

Für Hinweise und Anregungen sind wir jederzeit dankbar. Bitte richten Sie diese an:
Bruckmann Verlag
Produktmanagement
Postfach 40 02 09
80702 München
E-Mail: lektorat@bruckmann.de

Bildnachweis:
Alle Abbildungen stammen von Christian Heeb.

Bildnachweis:
Umschlagvorderseite: Cowboy am Toroweap Point, Grand Canyon National Park, Arizona
Umschlagrückseite: The wave, Cojote Buttes, Escalante Grand Staircase National Monument, Arizona
Seite 1: Fremont County & Fair Rodeo, Riverton, Wyoming
Seite 2-3: Oxbow Bend, Snake River, Grand Teton National Park, Wyoming

Die Deutsche Nationalbibliothek – CIP-Einheitsaufnahme
Ein Titelsatz für diese Publikation ist bei der Deutschen Nationalbibliothek erhältlich

ISBN 978-3-7654-4761-7